SOCIAL-MEDIA-MARKETING

Ein Leitfaden für den Aufbau Ihrer Marke mit Social Media

Jacob Kirby

CONTENTS

EINFÜHRUNG

In einem Artikel von Investopedia, der kürzlich im Juni 2022 aktualisiert wurde, wurde berichtet, dass es im ersten Quartal 2022 weltweit über 4,6 Milliarden Nutzer sozialer Medien gab. Dies entspricht etwa 58 % der Weltbevölkerung. Diese Zahl bedeutet einen Anstieg der Social-Media-Nutzer um 10 % gegenüber dem Vorjahr. Dies zeigt uns, dass immer mehr Menschen die sozialen Medien nutzen, um sich die Zeit zu vertreiben, Unterhaltung zu finden, die neuesten Nachrichten zu erfahren, mit Freunden und Familie auf dem Laufenden zu bleiben und um sich zu vernetzen. Die Daten zeigen, dass die durchschnittliche Person mehr als zwei Stunden pro Tag in den sozialen Medien verbringt. Außerdem wird diese Zeit nicht auf einmal verbracht. Oft schauen die Nutzer im Laufe des Tages auf ihr Handy, um zu sehen, ob etwas Neues in ihren Feeds aufgetaucht ist, oder um sich mit Nachrichten zu befassen, die sie von Freunden, Verwandten und Bekannten erhalten haben.

Es ist unbestreitbar, dass die sozialen Medien nicht mehr wegzudenken sind. Sie sind zu einem festen Bestandteil unseres Lebens geworden und liefern uns zahlreiche Gründe, immer wieder auf unser Telefon zu schauen. Sie sind zu einem allzu wichtigen Zeitfüller geworden, wenn wir uns langweilen oder mit Unbehagen und Stille konfrontiert sind.

Unbestreitbar ist auch die Tatsache, dass die sozialen Medien zu einer großartigen Spielwiese für das Marketing geworden sind. Mit dieser massiven Nutzerbasis haben die Unternehmen erkannt, dass die sozialen Medien ein perfekter Ort für die Vermarktung ihrer Produkte und Dienstleistungen sind. Es gibt ihnen die

Möglichkeit, ihren Kundenstamm mit Leichtigkeit zu erreichen und auch neue Kunden zu erreichen, ohne dass sie Stiefel auf den Boden stellen müssen, die von Tür zu Tür gehen und nach neuen Kunden suchen. Vorbei sind die Zeiten, in denen es nur darum ging, Flyer zu verteilen und eine Website einzurichten. Neue Unternehmen, die sich vergrößern wollen, können die Vorteile der Tools, Funktionen und Strategien nutzen, die ihnen zur Verfügung stehen, um ihre Marken in den sozialen Medien zu vermarkten.

Nicht nur die Unternehmen haben erkannt, dass die sozialen Medien eine neue Marketingplattform bieten, sondern auch die Nutzer der sozialen Medien haben erkannt, dass Marketing nun ein integraler Bestandteil der sozialen Medien ist, und haben diese jüngste Entwicklung weitgehend mit offenen Armen empfangen. Anfangs waren die Social-Media-Nutzer etwas zögerlich gegenüber dem zunehmenden Marketing in diesem Bereich. Schließlich war der eigentliche Grund, warum die Nutzer Social-Media-Konten eröffneten, der Austausch mit Freunden, Familie und anderen Personen, denen sie folgen wollten. Es ging nicht darum, dass eine Marke ihnen ihre Produkte und Dienstleistungen unter die Nase reiben konnte, ohne dass sie sich ihnen physisch nähern mussten. Dieses Gefühl scheint sich jedoch nicht in einen rebellischen Marsch gegen das Marketing zu verwandeln. Tatsächlich gaben über 80 % der Verbraucher an, dass Inhalte der sozialen Medien ihre Kaufentscheidungen erheblich beeinflussen. Laut Sprout Social geben 68 % der Verbraucher an, dass soziale Medien ihnen die Möglichkeit bieten, mit Marken und Unternehmen zu interagieren. Sie fanden auch heraus, dass 43 % der Verbraucher ihre Nutzung sozialer Medien im letzten Jahr erhöht haben, um neue Produkte zu entdecken. Darüber hinaus sind 78 % der Verbraucher bereit, bei einem Unternehmen zu kaufen, nachdem sie in den sozialen Medien positive Erfahrungen mit diesem gemacht haben.

Aus all diesen Statistiken geht hervor, dass die sozialen Medien immer mehr zu dem Ort werden, an dem die Verbraucher mit Marken interagieren und mehr über die von ihnen angebotenen Produkte und Dienstleistungen erfahren. Sie akzeptieren stillschweigend, dass Marketing ein fester Bestandteil der Social-Media-Erfahrung geworden ist, und sind sich der Vorteile bewusst, die sich aus der Interaktion mit Unternehmen in den sozialen Medien ergeben. Social Media ist wie physisches Marketing geworden - man mag es, wenn es gut ist, aber man hasst es, wenn es schlecht ist. In beiden Fällen ist das Problem nicht das Marketing an sich, sondern das schlechte, lästige Marketing.

Wo wir hinwollen

Aus all diesen Informationen lassen sich drei Schlussfolgerungen ziehen. Erstens spielen die sozialen Medien im Leben der meisten Menschen auf der ganzen Welt eine wichtige Rolle, und die Zahl der Menschen, die soziale Medien nutzen, wird in den nächsten Jahren noch exponentiell ansteigen. Zweitens: Aufgrund der schieren Größe der sozialen Medien und der vielfältigen Möglichkeiten, die sich in diesem Bereich bieten, konzentrieren viele Unternehmen ihre Marketingbemühungen auf die sozialen Medien. Unternehmen und Marken koexistieren jetzt in diesem Raum mit einzelnen Verbrauchern und mischen sich oft aus Gründen, die mit den von den Unternehmen angebotenen Produkten und Dienstleistungen zusammenhängen, unter einander. Drittens wäre es aufgrund der Fülle von Marketingmöglichkeiten, die in den sozialen Medien bestehen, im besten Interesse jedes Unternehmens, wenn es seine Marketingbemühungen auf die sozialen Medien ausrichten würde (oder zumindest einen Teil davon).

Die wichtigste Frage, die Sie sich vielleicht stellen, ist: Wie genau kann man mit der Vermarktung seines Unternehmens in den sozialen Medien beginnen? Schließlich stehen so viele Social-Media-Plattformen zur Auswahl, von denen jede ihre eigenen Merkmale, Funktionen und Nutzerkreise hat. Social-Media-Marketing ist ein relativ neues Konzept, wenn man es mit traditionellen Marketingmethoden vergleicht, wie z. B. Umfragen auf der Straße und das Verteilen von Flyern. Jedes Unternehmen weiß, dass Marketing wichtig ist, aber wie genau man mit der Vermarktung seines Unternehmens beginnt, ist der schwierige Teil der Gleichung. Die Hinzufügung von Social Media zur Marketingmatrix wird die Aufgabe nur noch schwieriger machen.

Dieses Buch soll Ihnen den Einstieg in das Social Media Marketing erleichtern. Es soll Ihnen helfen, ein gutes Verständnis dafür zu bekommen, wie die wichtigsten Social-Media-Plattformen funktionieren, was ihre Hauptmerkmale für Marketingzwecke sind und was die Vor- und Nachteile der einzelnen Plattformen sind, falls Sie sich jemals entscheiden sollten, Ihre Marke auf diesen Plattformen zu vermarkten. Wir werden auch die wichtigsten Schritte behandeln, die Sie unternehmen müssen, wenn Sie eine Marketingkampagne in den sozialen Medien starten. Die Befolgung dieser Schritte wird Ihnen helfen, eine erfolgreiche Marketingkampagne durchzuführen, die Ihren Zielen entspricht. Wir werden auch auf die Art von Inhalten eingehen, die Sie bei Ihrer Social-Media-Marketingkampagne verwenden sollten, um das Beste daraus zu machen und sicherzustellen, dass Sie die Art von Inhalten veröffentlichen, die bei Ihrer Zielgruppe gut ankommen.

Bevor wir uns all dem widmen, beginnen wir mit einer Frage, die als Grundlage für alles andere in diesem Buch dient - warum sollten Sie überhaupt Marketingkampagnen für Ihr Unternehmen starten?

Im nächsten Kapitel werden wir zwischen Marketing und Markenbildung unterscheiden und erklären, warum beides wesentliche Aspekte der Unternehmensführung sind. Wir werden uns auch ansehen, wie Social Media Marketing in all das hineinpasst, und all die anderen Gründe, warum Social Media Marketing für Unternehmen und Marken extrem wichtig geworden ist, um damit zu beginnen.

KAPITEL 1: WARUM MARKETING UND MARKENBILDUNG SO WICHTIG SIND

Marketing und Markenaufbau scheinen Aspekte der Unternehmensführung zu sein, auf die viele kleine Unternehmen und Marken nicht viel Zeit verwenden. Infolgedessen werden weniger Ressourcen, Geld und Mühe für Marketing und Markenaufbau aufgewendet. Dieses Problem ist im Bereich der sozialen Medien sogar noch ausgeprägter, da Unternehmen und Marken in diesen Bereichen nicht genug Marketing und Markenaufbau betreiben. Die Vernachlässigung dieser Aspekte der Unternehmensführung kann sich jedoch nachteilig auf den Erfolg eines Unternehmens und sein Potenzial auswirken, neue Kunden zu gewinnen und treue Kunden zu halten. Bevor wir weitermachen, wollen wir erst einmal klären, warum Marketing und Markenbildung so wichtig sind, und dann die Rolle der sozialen Medien in diesem Zusammenhang beleuchten.

Marketing

Marketing bezeichnet im Wesentlichen alle Aktivitäten, die eine Marke oder ein Unternehmen durchführt, um das Produkt oder die Dienstleistung, die sie/es anbietet, zu bewerben. Es geht also darum, neue und alte Kunden für ihre Produkte und Dienstleistungen zu gewinnen und den Umsatz zu steigern. Das Marketing kann verschiedene Strategien umfassen, wie z. B. Werbung, E-Mails, Plakate, Anzeigen, Web-Traffic und, was für unsere Zwecke noch wichtiger ist, soziale Medien. Es ist das Mittel, mit dem Unternehmen Kunden auf ihre Existenz aufmerksam machen, diese Kunden an sich binden und Umsätze generieren. Es gibt verschiedene Gründe, warum Marketing für jedes kleine Unternehmen oder jede Marke wichtig ist:

Vergrößern Sie Ihr Publikum

Marketing ist eine Gelegenheit für Sie, mit Ihrer Zielgruppe in Kontakt zu treten. Es bietet Ihnen eine Plattform, um sie wissen zu lassen, dass es Sie gibt, und um mehr über Ihre Marke zu erfahren. Im Allgemeinen müssen kleine Unternehmen herausfinden, wer ihr Zielmarkt ist, bevor sie ein Geschäft eröffnen und mit dem Verkauf ihrer Produkte und Dienstleistungen beginnen. Mit anderen Worten: Sie müssen wissen, welche Kunden sie bedienen und welche Bedürfnisse diese Kunden haben, die sie mit ihren Produkten und Dienstleistungen erfüllen wollen. Es reicht jedoch nicht aus, dass ein Unternehmen oder eine Marke einfach nur weiß, was ihre Zielgruppe ist. Nur weil Sie ein bestimmtes Bedürfnis der Kunden befriedigen, heißt das nicht, dass sie Ihre Produkte oder Dienstleistungen auch kaufen werden. Es bedeutet auch nicht, dass sie Ihren Aktivitäten Aufmerksamkeit schenken oder Ihrer Marke folgen werden.

Höchstwahrscheinlich werden Sie ohne effektives Marketing keine Kunden anziehen oder eine große Anhängerschaft aufbauen können. Es ist wichtig, Ihr Unternehmen oder Ihre Marke bekannt zu machen, damit die Menschen davon erfahren. Das Plakat, das direkt auf die Bedürfnisse oder Probleme der Kunden eingeht, wird sie dazu bringen, durch Ihre Türen zu gehen, um zu sehen, was Sie verkaufen. Der Tweet, der sich viral verbreitet, wird potenzielle Kunden neugierig auf Ihre Marke machen, sie dazu bringen, Ihnen in den sozialen Medien zu folgen und schließlich das zu kaufen, was Sie verkaufen. Marketing spielt also eine wesentliche Rolle, wenn es darum geht, Ihr Publikum zu vergrößern und mehr Umsatz zu generieren.

Effektive Forschung betreiben

Einer der wichtigsten Aspekte bei der Gründung eines Unternehmens ist die Voruntersuchung. Sie müssen in der Lage sein zu wissen, ob Ihre Produkte oder Dienstleistungen die von Ihnen angestrebten Umsätze erzielen werden. Sie müssen wissen, ob Ihre Geschäftsidee erfolgreich sein wird oder nicht. Ein Teil dieses Prozesses ist die Durchführung von Forschungsarbeiten - Sie gehen in die Welt hinaus, um die Angebote Ihres Unternehmens in der breiten Öffentlichkeit zu testen. Ein Teil des Marketings besteht darin, sich mit potenziellen Kunden zu treffen und die Informationen zu sammeln, die Sie brauchen, um herauszufinden, ob Ihre Geschäftsidee tatsächlich funktionieren wird. Dazu gehören Umfragen, Fragebögen, das Testen von Produkten und Dienstleistungen mit Mustergruppen, das Posten in sozialen Medien, um die Reaktionen des Publikums zu testen, oder das Einholen von Feedback von alten Kunden. Auf diese Weise stellen Sie sicher, dass Ihr Produkt oder Ihre Dienstleistung die Bedürfnisse Ihres Zielmarktes besser erfüllt und auch Umsätze generieren kann.

Relevant bleiben

Es ist durchaus möglich, dass eine Marke oder ein Unternehmen verschwindet. In der Tat scheitern fast alle kleinen Unternehmen innerhalb der ersten 5 Jahre.

Wenn die Menschen vergessen, dass es Ihre Marke oder Ihr Unternehmen gibt, oder wenn Ihre Marke in den Augen der Verbraucher an Relevanz verliert, ist das ein sicheres Zeichen dafür, dass die Umsätze einbrechen und das Unternehmen infolgedessen zu kämpfen beginnt. Ein geschäftlicher Misserfolg kann eintreten, wenn Ihr Unternehmen in den Augen der Verbraucher an Relevanz verliert.

Marketing ist für Unternehmen ein Mittel, um relevant zu bleiben. Werbekampagnen, Beiträge in den sozialen Medien, Broschüren, Plakate und andere Formen des Marketings spielen eine wichtige Rolle bei der Aufrechterhaltung der Relevanz von Marken. Das Gleiche gilt für Marketingkampagnen, die auf die sich wandelnden Bedürfnisse der Verbraucher eingehen oder die neuesten Schlagzeilen kommentieren. Ein Social-Media-Influencer könnte zum Beispiel immer die neuesten Trends und aktuellen Ereignisse kommentieren. In ähnlicher Weise könnte ein Unternehmen beschließen, Produkte und Dienstleistungen anzubieten, die den Verbrauchern helfen, mit neuen Problemen umzugehen, die sich ihnen stellen, wie z. B. Probleme, die durch die COVID-19-Pandemie entstanden sind. Sobald das Unternehmen das neue Problem identifiziert hat, das seine Produkte und Dienstleistungen lösen, startet es Marketingkampagnen, um die Verbraucher über sein neues Angebot zu informieren. All diese Marketingstrategien spielen eine wichtige Rolle, wenn es darum geht, eine Marke in den Augen der Verbraucher relevant zu halten.

Finanzielle Leistung

Insgesamt spielt das Marketing eine wichtige Rolle für die finanzielle Leistungsfähigkeit eines Unternehmens. Indem Marketingkampagnen gestartet werden, die sich auf den Zielmarkt konzentrieren, die Zielgruppe des Unternehmens vergrößern, auf die Bedürfnisse und Probleme der Verbraucher eingehen, die Relevanz des Unternehmens aufrechterhalten und die Aufmerksamkeit der Verbraucher wecken, kann das Marketing den Umsatz steigern und das Potenzial eines Unternehmens erhöhen. Andererseits kann mangelndes Marketing eine wichtige Rolle bei kleinen Zielgruppen, mangelnder Relevanz und fehlenden Umsätzen spielen, was zu einer schlechten finanziellen Leistung führt.

Markenbildung

Was ist Branding?

Unternehmen, Unternehmer und Social-Media-Influencer haben eine ganze Reihe von Aspekten bei der Ausübung ihrer jeweiligen Tätigkeit gemeinsam. Ein besonderer Aspekt von großer Bedeutung ist die Markenbildung. Wenn Sie es versäumen, sich auf die Schaffung Ihrer eigenen Marke zu konzentrieren, werden andere dies für Sie tun, und das ist manchmal keine gute Sache. Wenn ein Unternehmen ein negatives Branding hat, wird es höchstwahrscheinlich einen Teil seiner Kunden verlieren und letztlich Umsatzeinbußen erleiden. Wenn das Branding richtig gemacht wird, kann das Unternehmen florieren, neue Kunden begrüßen und alte Kunden an sich binden.

Beim Branding geht es um Konsistenz. Es geht darum sicherzustellen, dass eine einheitliche Botschaft über ein Unternehmen und seine Arbeitsweise verbreitet wird. Selbst kleine Dinge wie das Logo, die Marke, die Farben, die Schriftarten oder die Konten in den sozialen Medien können viel über die Qualität der Produkte und Dienstleistungen aussagen, die ein Unternehmen anbietet, und darüber, ob es respektiert werden sollte oder nicht. Das Branding wirkt sich auch auf wichtige Bereiche der Geschäftstätigkeit eines Unternehmens aus, z. B. darauf, welche Erfahrungen die Kunden in allen Niederlassungen eines Unternehmens machen. Mit anderen Worten: Behandelt das Unternehmen seine Kunden in jeder einzelnen Filiale auf die gleiche Weise? Wie sieht es mit den Produkten aus, die es anbietet? Hat jedes Produkt, das es herstellt, eine bestimmte Qualität, die erkennbar ist, ganz gleich, was man bei ihm kauft? Hier kommen Branding-Strategien zum Tragen.

Denken Sie an Unternehmen wie Apple. Ganz gleich, welches Apple-Gerät Sie in der Hand halten, Sie wissen, dass es ein Apple-Gerät ist, wenn Sie es nur ansehen. Apple-Geräte haben eine Vertrauenswürdigkeit und Zuverlässigkeit, die eng mit dem Image von Apple in der Öffentlichkeit verknüpft ist. Wenn zum Beispiel herauskäme, dass die Akkulaufzeit einer neuen Serie von iPhones kaum eine Stunde beträgt, würde das die Kunden von Apple erschüttern und das Image des Unternehmens beschädigen. Es wird Apples Marke beschädigen. Das Gleiche gilt, wenn man jemanden mit einem Paar Air Jordans auf ein Basketballfeld gehen sieht und die Schuhe nach ein paar Aufschlägen reißen. Die gängige Reaktion wird sein, dass es sich um ein gefälschtes Paar Air Jordans handeln muss. Warum ist das so? Weil Air Jordans mittlerweile mit Qualitätsprodukten in Verbindung gebracht werden. Wenn es sich tatsächlich um ein Originalpaar Air Jordans handelt, wird das Image der Marke sofort beschädigt. Die Leute werden Air Jordans und iPhones nicht mehr mit Qualität in Verbindung bringen. Die Leute werden sie nicht mehr kaufen. Der Absatz wird zurückgehen. Aus diesem Grund ist Branding so wichtig.

Die Markenbildung schafft also einen Mehrwert für Ihr Unternehmen. Branding-Strategien tragen dazu bei, dass Kunden an Ihr Unternehmen glauben und das kaufen, was Sie verkaufen. Die Kunden vertrauen auf Ihre Produkte und Dienstleistungen, weil sie Ihrer Marke vertrauen. Die Verbraucher folgen Ihnen in den sozialen Medien und konsumieren alle Ihre Inhalte, weil sie an Ihre Marke glauben. Sie glauben, dass Sie immer liefern werden. Das Branding kann Ihnen also einen Vorteil gegenüber Ihren Mitbewerbern verschaffen, denn es ermöglicht Ihnen, das Image Ihrer Marke so zu entwickeln, dass es sich von dem Ihrer Mitbewerber unterscheidet. Sie erkennen, was die PlayStation besser macht als die Xbox, das iPhone besser als Samsung, die Cola besser als Pepsi und umgekehrt.

Wie Sie Ihre Marke aufbauen

Recherchieren Sie Ihr Zielpublikum

Die Markenbildung beginnt damit, dass Sie zunächst einmal wissen, wer Ihr Zielpublikum ist. Sie müssen wissen, wie der aktuelle Markt aussieht, und auch, wer Ihre Konkurrenten sind. Interagieren Sie mit ihnen, treten Sie Social-Media-Gruppen bei, führen Sie Umfragen und Fragebögen durch, schauen Sie in Subreddits nach oder beauftragen Sie jemanden, der in Ihrem Namen gründliche Recherchen durchführt. Es geht darum, einen Avatar Ihrer Kunden zu erstellen und zu wissen, wer sie sind (woher sie kommen, ihr Alter, ihre Einkommensklasse, ihre Vorlieben und Abneigungen usw.), welche Bedürfnisse und Probleme sie haben, welche Marken diese Bedürfnisse erfüllen (oder versuchen, sie zu erfüllen) und was man besser machen kann. All diese Informationen fließen in Ihre Markenstrategie und in die Art und Weise ein, wie Sie in Zukunft mit ihnen interagieren werden.

Bringen Sie Ihr Leistungsversprechen auf den Punkt

Ein Wertversprechen erklärt, wie Ihr Produkt oder Ihre Dienstleistung potenziellen Kunden einen Mehrwert bietet, der Ihre Marke von der anderer unterscheidet. Mit anderen Worten: Sie müssen in der Lage sein zu erkennen, welche Bedürfnisse Ihre Zielgruppe hat, wie Ihre Marke diese befriedigen kann und was Ihrer Marke den entscheidenden Vorteil gegenüber Ihren Mitbewerbern verschafft. Ihre Marke muss um dieses Wertversprechen herum aufgebaut werden, um den Kundenstamm anzuziehen, den Sie suchen, und um die für Ihr Unternehmen dringend benötigte Konsistenz im Branding zu schaffen.

Ihr Wertversprechen bestimmt auch den Slogan Ihrer Marke. Dieser Slogan wird dann überall auftauchen, wo Ihre Marke existiert, um die Kunden wissen zu lassen, wofür Ihre Marke steht und was sie repräsentiert.

Schaffen Sie die Persönlichkeit Ihrer Marke

Ihre Marke braucht eine Persönlichkeit. Sie ist Teil dessen, was Ihre Marke einzigartig macht und eine wichtige Rolle dabei spielt, treue Kunden für Ihr Unternehmen zu gewinnen. Beim Aufbau einer Markenpersönlichkeit müssen Sie sich Folgendes fragen: Wenn Ihre Marke eine Person wäre, wie würden Sie sie beschreiben? Was ist ihre Persönlichkeit? Welche Metapher würden Sie verwenden, um sie zu beschreiben?

Die Persönlichkeit Ihrer Marke muss dann in alle Bereiche Ihrer Marke einfließen, von der Farbgebung und dem Logodesign bis hin zum Aussehen Ihrer Geschäfte und dem Umgang mit Ihren Kunden. Daher ist die Gestaltung des Logos und des Farbschemas Ihres Unternehmens so wichtig. Dies sind die ersten Dinge, an die die Menschen denken, wenn sie an Ihre Marke denken, und es ist das, was sie hervorhebt, wenn die Menschen auf der Straße herumlaufen. Ihr Logo, Ihr Farbschema und Ihr Markenzeichen vermitteln, was die Menschen über Ihre Marke denken und fühlen sollen. Sie sind Teil dessen, was die Persönlichkeit Ihrer Marke ausmacht.

Konsistenz schaffen

Der letzte Schritt beim Aufbau Ihrer Marke besteht darin, Konsistenz in allen Bereichen Ihrer Marke zu erreichen. Dazu gehören Ihre Geschäfte, Ihre Konten in den sozialen Medien, Ihr Kundenservice, Ihre Büros - einfach überall!

Konsistenz ist das Herzstück der Markenbildung. Die Kunden müssen wissen, dass Ihre Marke verlässlich ist und dass sie Ihre Produkte und Dienstleistungen immer unbesorgt kaufen können. Es ist wichtig, dies von Anfang an richtig zu machen.

Die Bedeutung der sozialen Medien für Marketing und Markenbildung

Es ist unbestreitbar, dass die sozialen Medien in der modernen Gesellschaft eine große Rolle spielen. Im ersten Quartal 2022 soll es 4,6 Milliarden Nutzer sozialer Medien gegeben haben. Über 58 % der Weltbevölkerung sind in den sozialen Medien aktiv. Soziale Medien haben das Spiel verändert, wenn es um Marketing und Markenaufbau geht, und sind eine äußerst wichtige Waffe in Ihrem Arsenal, wenn es um diese Aspekte der Unternehmensführung geht. Dafür gibt es eine Reihe von Gründen, die im Folgenden aufgeführt werden.

Erschließen Sie Ihr Zielpublikum mit Leichtigkeit

Wenn Sie Ihre Zielgruppe recherchieren, ist es nicht mehr entscheidend, dass Sie auf die Straße gehen und Ihre Zielgruppe treffen. Sie müssen nicht mehr auf die Straße gehen und Meetings, Umfragen und Fragebögen durchführen. Sie müssen auch keine großen Kampagnen starten, bei denen Tausende von Flugblättern gedruckt werden. Wenn Sie Ihre Zielgruppe kennenlernen wollen, können Sie das mit einem Fingerklick tun.

Soziale Medien bieten Ihnen die Möglichkeit, mit Ihren Kunden in Kontakt zu bleiben, sozialen Mediengruppen beizutreten, Räume und Live-Diskussionen zu veranstalten, Gespräche zu führen, etwas über die Bedürfnisse und Probleme der Verbraucher zu erfahren und sich ein gutes Bild von Ihrer Zielgruppe zu machen. Es handelt sich dabei um einen kostengünstigen Forschungsprozess, der von Ihrem Schreibtisch aus durchgeführt werden kann.

Darüber hinaus können Sie auf eine Vielzahl von Kundendaten zugreifen, die es Ihnen ermöglichen, eine ausreichende Analyse der Kaufgewohnheiten, Bedürfnisse, Wünsche und der Bereitschaft zum Kauf der von Ihnen angebotenen Produkte und Dienstleistungen zu erstellen. Dies ist ein leicht zugänglicher Weg, um Ihre Zielgruppe zu erschließen.

Vergrößern Sie Ihr Publikum

Soziale Medien können Ihnen nicht nur dabei helfen, Ihr Zielpublikum zu erforschen und zu verstehen, sondern sie können Ihnen auch dabei helfen, Ihr Zielpublikum zu vergrößern. Eine Anzeige, die Sie in sozialen Medien veröffentlichen, kann von Millionen von Nutzern gesehen werden, die viel Zeit in diesen sozialen Medien verbringen. Dies gibt Ihnen die Möglichkeit, Werbung zu machen und eine viel höhere Anzahl von Leads zu Ihrer Website und zu Ihren Produkten und Dienstleistungen zu generieren, als dies bei anderen Marketingformen der Fall wäre. Es genügt, wenn die Nutzer Ihre Anzeige in den sozialen Medien sehen, auf einen Link klicken, der zu Ihrer Website führt, sich Ihre Produkte und Dienstleistungen ansehen und dann kaufen, wenn sie dazu bereit sind. Dies wiederum führt zu mehr Leads, neuen treuen Kunden und somit zu höheren Umsätzen.

Studieren Sie Ihre Mitbewerber

Sie sind höchstwahrscheinlich nicht das einzige Unternehmen mit einer Präsenz in den sozialen Medien. Wahrscheinlich sind auch Ihre Konkurrenten dort vertreten und versuchen, denselben Zielmarkt zu erschließen. So können Sie leicht herausfinden, was Ihre Konkurrenten tun. Sie haben die Möglichkeit, ihre Beiträge, Angebote, Produkte und Dienstleistungen zu durchsuchen und zu sehen, wie sie sich in den sozialen Medien verhalten. Auf diese Weise können Sie leicht herausfinden, was Sie von Ihren Mitbewerbern unterscheidet und wie Sie dies in Ihren Interaktionen mit Kunden in und außerhalb der sozialen Medien nutzen können.

Relevant bleiben

Wie bereits erwähnt, besteht einer der wichtigsten Aspekte des Marketings darin, dafür zu sorgen, dass Ihre Marke in den Augen Ihrer Zielgruppe relevant bleibt. Wenn man in Vergessenheit gerät, ist es wahrscheinlich, dass der Umsatz zurückgeht. Eine der Möglichkeiten, dem entgegenzuwirken, ist eine starke Präsenz in den sozialen Medien. Die Nutzer sozialer Medien durchstöbern diese Plattformen jeden Tag, oft Dutzende Male. Wenn sie Ihrer Marke in den sozialen Medien folgen und auf dem Laufenden bleiben, was Sie posten und was Ihr Unternehmen anbietet, ist dies ein sicherer Weg, um sicherzustellen, dass Ihre Marke in den Augen Ihres Zielmarktes relevant bleibt.

Beziehungen zu Kunden aufbauen

Mit einer Online-Präsenz geben Sie Ihrer Marke die Möglichkeit, in ständigem Kontakt mit ihrem Kundenstamm zu stehen. Indem Sie regelmäßig Beiträge veröffentlichen, mit den Kunden interagieren, Plattformen für die Äußerung von Beschwerden bereitstellen und mögliche Probleme ansprechen, geben Sie Ihren Kunden die Möglichkeit, mit Ihrem Unternehmen in Kontakt zu treten und das Gefühl zu haben, dass sie gehört werden. Dies ist ein sicherer Weg, um einen treuen Kundenstamm aufzubauen, der an Ihre Marke glaubt, weil er das Gefühl hat, dass Ihr Unternehmen erreichbar ist und auf ihn eingeht.

Bauen Sie Ihre Marke auf

Soziale Medien bieten eine leicht zugängliche Möglichkeit, Ihre Marke aufzubauen. Durch die Art der Beiträge, die Ihr Unternehmen verfasst, die Art der Interaktion mit Kunden, die Art der geteilten Inhalte und den allgemeinen Umgang mit sozialen Medien kann Ihr Unternehmen seine Markenpersönlichkeit leichter aufbauen und potenziellen Kunden zeigen, worum es in Ihrem Unternehmen geht.

Erhöhte Erträge

Da die sozialen Medien im Allgemeinen eine kostengünstige Möglichkeit des Marketings und des Markenaufbaus sind, eröffnen sie einen Weg zur Vergrößerung Ihres Kundenstamms, zur Erzielung von mehr Umsatz und zur Steigerung Ihres Einkommens, während Ihre Marketingkosten viel niedriger bleiben. Das bedeutet, dass Ihr Unternehmen mit der richtigen Social-Media-Marketingstrategie seine Rendite erheblich steigern kann. Es ist also klar, dass Social Media Marketing etwas ist, mit dem sich jedes Unternehmen beschäftigen sollte!

KAPITEL 2: SOZIALE MEDIENPLATTFORMEN: EIN ÜBERBLICK

Die Nutzer sozialer Medien werden durch das Vorhandensein einer Vielzahl unterschiedlicher sozialer Medienplattformen verwöhnt, aus denen sie je nach ihren Bedürfnissen und Wünschen auswählen können. Jede Plattform hat ihre Zielgruppe und bietet Unternehmen und Marken unterschiedliche Möglichkeiten, ihre Marketingaktivitäten durchzuführen. Jede Plattform hat ihre Vor- und Nachteile, und jede hat ihre eigene Art von Marketingpotenzial. Die Strategien, die Sie für jede dieser Plattformen anwenden, werden sich unterscheiden, da sie alle unterschiedlich aufgebaut sind und sich an verschiedene Zielgruppen richten.

In Anbetracht der obigen Ausführungen ist es notwendig, die wichtigsten Social-Media-Plattformen näher zu betrachten, zwischen denen Sie sich entscheiden sollten, wenn Sie eine Entscheidung darüber treffen, wo Sie Ihre Marke vermarkten wollen. Wir werden uns ihre Angebote, Funktionen sowie Vor- und Nachteile ansehen.

Facebook

Facebook ist seit langem die größte Social-Media-Plattform der Welt. Im Juli 2022 hatte Facebook über 2,9 Milliarden Nutzer. Sein nächster Konkurrent ist YouTube mit über 2,4 Milliarden Nutzern. Facebook ist eine Plattform, die es den Nutzern ermöglicht, Profile zu erstellen und sich online mit Freunden und Familie sowie mit Unternehmen, Organisationen und Gruppen zu verbinden, die ihren Interessen entsprechen. Sie können auch ihren Lieblingsprominenten, -führungskräften und -einflussnehmern folgen. Die Vielseitigkeit von Facebook bedeutet, dass die Plattform von den Nutzern aus einer Vielzahl von Gründen verwendet werden kann, und alle Arten von Inhalten können auf der Plattform über verschiedene Medien geteilt werden. Als einer der Giganten im Bereich der sozialen Medien können Unternehmen nicht darauf verzichten, ihre Marke auf dieser Plattform zu vermarkten.

Wichtige Marketing-Merkmale

Vielfältiges Publikum

Die 2,9 Milliarden Nutzer von Facebook kommen aus allen Gesellschaftsschichten und verteilen sich auf verschiedene Länder, Demografien, Einkommensstufen, Berufe und Glaubensrichtungen. Dies gibt Unternehmen die Möglichkeit, ihre Zielgruppe innerhalb des riesigen Facebook-Universums für Marketingzwecke zu finden. Außerdem haben Unternehmen die Möglichkeit, mit Nutzern unterschiedlicher Herkunft zu interagieren und Facebook-Gruppen beizutreten, die sie bei der Erforschung und Verbesserung ihrer Produkte und Dienstleistungen unterstützen können.

Lokales Marketing-Potenzial

Facebook kann als lokales Geschäftsverzeichnis fungieren. Es gibt den Nutzern die Möglichkeit, nach lokalen Unternehmen in ihrer Umgebung zu suchen, die ein bestimmtes Produkt oder eine bestimmte Dienstleistung anbieten. Hinzu kommt die Tatsache, dass mindestens 60 % der Nutzer mindestens einmal pro Woche eine lokale Unternehmensseite auf Facebook besuchen. Dies bedeutet, dass Unternehmen die Möglichkeit haben, mit Kunden in ihrer Umgebung in Kontakt zu treten, indem sie für ihre Seite auf Facebook werben und sich mit ihrer lokalen Gemeinschaft verbinden.

Werbemöglichkeiten

Facebook ist derzeit eine der wichtigsten Werbeplattformen. Es wurde berichtet, dass Facebook-Anzeigen bis zu 36,7 % der erwachsenen Bevölkerung erreichen können. Zum Vergleich: Bei Twitter sind es nur 6,5 %. Es hat sich auch gezeigt, dass der durchschnittliche Facebook-Nutzer 12 Anzeigen pro Monat anklickt.

All dies bedeutet, dass Facebook-Anzeigen eine Marketingtaktik sind, die sich für Unternehmen als wesentlich erweisen kann. Sie bietet Ihnen die Möglichkeit, Ihre Marke bekannt zu machen und ein breites Spektrum an Zielgruppen zu erreichen, was Ihnen ohne Facebook wahrscheinlich nicht möglich gewesen wäre.

Allerdings muss an dieser Stelle gesagt werden, dass Facebook zwar ein großes Marketingpotenzial hat, wenn es um die Anzahl der Personen geht, die man mit einer Werbekampagne erreichen kann, aber statistisch gesehen ist Facebook nicht unbedingt der beste Ort, um neue Zielgruppen zu erreichen. Es ist jedoch fantastisch für die gezielte Ansprache und Kommunikation mit der Zielgruppe, die Sie bereits haben.

Bauen Sie Beziehungen zu Ihrer Gemeinde auf

Facebook bietet Ihnen verschiedene Möglichkeiten, mit Ihrem Publikum in Kontakt zu treten. Diese Methoden bieten Unternehmen die Möglichkeit, Beziehungen zu ihrer Gemeinschaft aufzubauen und so ihre Marke zu stärken, treue Kunden zu gewinnen und den Umsatz zu steigern. Facebook ermöglicht es Unternehmen, auf ihren Seiten Informationen wie Ankündigungen, Ladenöffnungszeiten, Verkäufe, Veranstaltungen und andere Informationen zu veröffentlichen. Auf diese Weise können Unternehmen den Verkehr auf ihren Facebook-Seiten ankurbeln und möglicherweise auch Kunden dazu bringen, aufgrund von Beiträgen auf der Facebook-Seite Käufe zu tätigen.

Nachteile der Verwendung von Facebook für das Marketing

Algorithmus arbeitet gegen Sie

Der Facebook-Algorithmus hat großen Einfluss darauf, welche Inhalte die Nutzer sehen, wenn sie ihre Facebook-App öffnen, und in welcher Reihenfolge sie sie sehen. Wie genau der Algorithmus dies tut, hat sich im Laufe der Zeit geändert. Im Allgemeinen ordnet Facebook die Beiträge im Feed eines Nutzers nicht in chronologischer Reihenfolge an. Mit anderen Worten: Nur weil du vor fünf Minuten etwas gepostet hast, heißt das nicht, dass die Nutzer diesen Beitrag heute noch sehen werden. Vielmehr ordnet Facebook die Beiträge im Feed eines Nutzers danach, was für diesen Nutzer am relevantesten ist. 2018 kündigte Facebook an, dass es Beiträge von Freunden und Familienmitgliedern gegenüber anderen Arten von Beiträgen priorisieren wird. Dadurch wurde es für Marken schwieriger, ihre Produkte und Dienstleistungen an Nutzer zu vermarkten, ohne bezahlte Anzeigen zu schalten.

In jüngster Zeit hat Facebook klargestellt, dass die Nutzer in ihrem Newsfeed häufig Beiträge von Freunden und Familienmitgliedern, Seiten, denen sie folgen, und Beiträge von Seiten, denen ihre Freunde folgen, sehen. Facebook priorisiert auch die Art von Inhalten, mit denen die einzelnen Nutzer am meisten interagieren. Wenn ein Nutzer also mehr mit Videos interagiert, werden ihm in seinem Feed mehr Videos angezeigt. Facebook bevorzugt auch Beiträge mit viel Interaktion, vor allem wenn die Freunde des Nutzers mit diesem Beitrag interagiert haben.

Folglich müssen Unternehmen, die sich auf Facebook vermarkten wollen, eine Strategie entwickeln, die die Funktionsweise des Facebook-Algorithmus berücksichtigt.

Priorisierung des Engagements

Im Zusammenhang mit dem obigen Punkt verlangt Facebook von Ihnen, dass Sie sich ständig mit Ihren Followern austauschen. Wenn Sie dies nicht tun, ist es wahrscheinlicher, dass Ihre Marke nicht oft in Ihrem Feed erscheint. Das bedeutet, dass Unternehmen regelmäßig mit ihren Followern interagieren und regelmäßig Inhalte posten müssen, da sie sonst Gefahr laufen, in den Feeds ihrer Follower an Bedeutung zu verlieren.

Instagram

Instagram ist ein weiterer Gigant im Bereich der sozialen Medien, den es schon seit relativ langer Zeit gibt. Es ist eine Plattform, die sich vor allem auf Fotos und Videos konzentriert, die die Nutzer erstellen und mit denen sie in ihrer Timeline und in den Status-Updates derer, denen sie folgen, interagieren können. Instagram hat derzeit über 1,4 Milliarden Nutzer. Demografisch gesehen ist die Plattform jedoch nicht so vielfältig wie Facebook. Die überwältigende Mehrheit der Instagram-Nutzer ist relativ jung (unter 35 Jahre alt). Von dieser Altersgruppe lebt die Mehrheit in städtischen Gebieten. Die idealsten Marketingstrategien für Instagram drehen sich um die Verwendung von Bildern zur Vermarktung Ihres Unternehmens und seiner Produkte und Dienstleistungen. Die Fotos und Videos, die Sie posten, müssen ein jüngeres Publikum ansprechen. Mit anderen Worten: Sie müssen die Millennials und die Generation Z ansprechen.

Wichtige Marketing-Merkmale

Eine großartige E-Commerce-Plattform

Instagram rangiert unter den sozialen Plattformen an erster Stelle, was die "Kaufabsicht" angeht. Das heißt, die Wahrscheinlichkeit, dass ein Nutzer aufgrund dessen, was er in seinem Feed sieht, etwas kaufen wird. Der Einfluss von Instagram auf die Kaufgewohnheiten seiner Nutzer kann gar nicht hoch genug eingeschätzt werden. Die diesbezüglichen Statistiken sind überwältigend. In einer kürzlich durchgeführten Studie gaben 81 % der Nutzer an, dass Instagram ihnen hilft, neue Produkte oder Dienstleistungen zu recherchieren und zu finden. Außerdem wurde berichtet, dass 72 % der Nutzer Kaufentscheidungen auf der Grundlage dessen getroffen haben, was sie auf Instagram gesehen haben. 50 % der Nutzer besuchten schließlich eine Website, um ein Produkt oder eine Dienstleistung zu kaufen, nachdem sie es auf Instagram gesehen hatten. Darüber hinaus sahen sich jeden Monat etwa 130 Millionen Nutzer einkaufsbezogene Beiträge an.

Daher darf das Potenzial für das Marketing auf Instagram nicht unterschätzt werden. Instagram hat sich zu einer Drehscheibe für den elektronischen Handel entwickelt, und die Nutzer sind im Allgemeinen offener für Einkäufe auf Instagram und den Kauf von Produkten und Dienstleistungen auf der Grundlage dessen, was sie auf der Plattform sehen.

Hohes organisches Engagement

Erinnern Sie sich daran, dass Facebook unter den anderen Social-Media-Plattformen in Bezug auf das organische Engagement ziemlich weit unten rangiert. Mit anderen Worten: Es ist für Unternehmen sehr schwierig, neue Zielgruppen zu erreichen, ohne für Werbung auf Facebook zu bezahlen. Instagram ist in dieser Hinsicht genau das Gegenteil. Instagram hat im Vergleich zu anderen Social-Media-Plattformen die höchste organische Reichweite. Das bedeutet, dass Unternehmen auf Instagram bessere Chancen haben, neue Zielgruppen zu erreichen, ohne für Werbung bezahlen zu müssen, als auf jeder anderen Social-Media-Plattform.

Die Spielwiese der Influencer

Instagram ist im Allgemeinen die Hauptplattform, die Social Media-Influencer nutzen. Auf Instagram haben sie die meisten Anhänger und posten die meisten Inhalte. Daher geben viele Marken den größten Teil ihres Influencer-Budgets auf Instagram aus. Durch die Beiträge von Social Media-Influencern auf Instagram nutzen Unternehmen diese Möglichkeiten, um ihre Marken bei neuen Zielgruppen bekannt zu machen und neue Kunden zu gewinnen. Es ist daher keine Überraschung, dass auf Instagram mehr Geld für Influencer ausgegeben wird als auf anderen Social-Media-Plattformen.

Nachteile der Verwendung von Instagram für das Marketing

Begrenzte Arten von Stellen

Wie bereits angedeutet, schränkt Instagram die Möglichkeiten für Beiträge auf der Plattform erheblich ein. Der Star eines jeden Beitrags muss ein Foto oder Video sein. Natürlich können Sie in der Bildunterschrift des Beitrags Text hinzufügen, aber selbst dann ist es ein Risiko, da Instagram-Nutzer dazu neigen, ihre Feeds mit einer kurzen Aufmerksamkeitsspanne zu durchsuchen. Die Verwendung von Bildern und kurzen Videos bedeutet, dass die Nutzer erwarten, dass sie einen Beitrag nur ein paar Sekunden lang sehen, bevor sie zum nächsten scrollen. Es ist unwahrscheinlich, dass sie die Bildunterschrift durchlesen, es sei denn, sie enthält etwas sehr Wichtiges oder weckt ihre Neugierde. Daher ist man bei Instagram im Allgemeinen darauf beschränkt, Fotos und Videos zu posten.

Eine Lösung für dieses Problem könnte darin bestehen, ein Foto, das Sie auf Instagram posten, mit schriftlichem Material zu versehen. Diese Art von Beiträgen muss jedoch leicht zu erkennen sein und das Interesse der NutzerInnen wecken, sie zu lesen.

Twitter

Bei Twitter dreht sich alles um Tweets. Es steht den Nutzern frei, Tweets in einem beliebigen Medium zu veröffentlichen, sei es in schriftlicher Form, als Fotos, Videos oder in einer Kombination aus diesen Optionen. Twitter unterscheidet sich von anderen Social-Media-Plattformen, die schriftliche Beiträge zulassen, dadurch, dass Twitter Sie auf 280 Zeichen beschränkt. Die Plattform lässt keine schriftlichen Beiträge zu, die länger als diese sind. Twitter hat derzeit über 396 Millionen aktive Nutzer. Damit ist seine Nutzerbasis wesentlich geringer als die anderer Social-Media-Giganten wie Instagram und Facebook. Nichtsdestotrotz ist es eine Social-Media-Plattform, die Vorteile hat, die Sie vielleicht in Betracht ziehen sollten.

Wichtige Marketing-Merkmale

Ansprache eines größeren Publikums

Twitter funktioniert so, dass, wenn ein Nutzer einen Tweet mag, kommentiert oder retweetet, seine Follower diesen Tweet wahrscheinlich in ihrer Timeline sehen, zusätzlich zu der Reaktion, die der Nutzer auf den Tweet hatte. Dies hat zur Folge, dass ein Tweet ein viel größeres Publikum erreichen kann als die Follower des Nutzers, der den Tweet gepostet hat, denn sobald seine Follower auf den Tweet reagieren (ihn mögen, kommentieren oder retweeten), sehen auch ihre Follower den Tweet in ihrem Feed, wodurch eine Kettenreaktion entsteht, die die Anzahl der Personen, die einen Tweet sehen, exponentiell erhöht.

Das alles macht es für Unternehmen einfacher, ihre Marke zu vermarkten. Wenn Unternehmen eine treue Fangemeinde auf Twitter aufbauen und Inhalte posten, die Engagement erzeugen, werden sie wahrscheinlich weiterhin ihren Namen bekannt machen und neue Zielgruppen mit ihren Produkten und Dienstleistungen erreichen.

Nachrichtenberichterstattung

Von allen Social-Media-Plattformen wird Twitter am häufigsten für die Berichterstattung über Nachrichten genutzt. Laut Statistica beziehen 56 % der Nutzer ihre Nachrichten von Twitter, während nur 36 % ihre Nachrichten von Facebook beziehen. Wenn man bedenkt, wie Twitter aufgebaut ist, macht diese Statistik Sinn. Die meisten großen Nachrichtensender haben ein Twitter-Konto, und viele Journalisten, die für diese Sender und andere kleinere Sender arbeiten, twittern regelmäßig über Nachrichten auf Twitter. Twitter hat auch eine Registerkarte, über die Sie erfahren können, was in Ihrer Region gerade "angesagt" ist. Mit anderen Worten: Sie können herausfinden, über welche Themen oder Hashtags getwittert wird und worüber man sich unterhält. So bleiben die Nutzer immer auf dem Laufenden, was die neuesten Themen/Diskussionen/Nachrichten/Meme sind.

Twitter ist auch zu einer Drehscheibe für beliebte Persönlichkeiten geworden, die aktuelle Informationen zu Themen liefern, die für bestimmte Gemeinschaften relevant sind. So sind zum Beispiel Fußballjournalisten auf Twitter immer präsenter geworden, vor allem während des Transferfensters, wenn Fußballvereine Spieler kaufen und verkaufen. Andere Beispiele sind die Spieleindustrie, in der verschiedene Persönlichkeiten und Marken regelmäßig über die Entwicklungen in der Spielewelt berichten. Das Gleiche gilt für andere Branchen wie andere Sportarten, Kryptowährungen, Technologie, Autos oder sogar für echte Nischenthemen wie die königliche Familie in Großbritannien.

Unternehmen und Marken, die sich durch Nachrichtenberichte und Kommentare zu Trends/Themen mit den Nutzern austauschen, können auf diese Weise eine Fangemeinde aufbauen und ihre Marke anderen Nutzern vorstellen, damit diese erfahren, welche verwandten Produkte und Dienstleistungen die Marke anbietet.

Kundenbetreuung

Interessanterweise hat sich Twitter zu der Social-Media-Plattform entwickelt, auf der sich Verbraucher aus Gründen des Kundendienstes an Marken und Unternehmen wenden. Es ist nicht ungewöhnlich, dass Sie in Ihrem Feed jemanden finden, der sich über eine Marke beschwert oder eine Frage twittert, in der er diese Marke erwähnt. Manche Nutzer schreiben der Marke auch direkt eine Nachricht mit der Bitte, ein Problem zu lösen, das sie haben. Auf diese Weise können Marken Beziehungen zu ihren Kunden aufbauen und sich den Ruf erwerben, schnell zu reagieren und ihren Kunden wirklich zuzuhören und Änderungen vorzunehmen.

Demografische Daten zum Geschlecht

Statistiken zeigen, dass männliche Nutzer im Allgemeinen den Twitter-Bereich dominieren. Einem Bericht zufolge ist die Nutzerbasis von Twitter weltweit zu 70 % männlich. In einem anderen Bericht wurde festgestellt, dass die "werbe-fähige Zielgruppe" von Twitter zu 60 % männlich ist. Mit anderen Worten: Demografisch gesehen ist die große Mehrheit der Twitter-Nutzer, bei denen Marken ihre Produkte und Dienstleistungen bewerben, männlich. Marken müssen daher strategisch überlegen, wie sie diesen Bereich für Marketingzwecke nutzen, insbesondere wenn die von der Marke verkauften Produkte und Dienstleistungen in der Regel auf weibliche Zielgruppen ausgerichtet sind.

Nachteile der Verwendung von Twitter für das Marketing

Engagement ist das Gebot der Stunde

Ähnlich wie bei Facebook müssen Sie mit den Nutzern in Kontakt treten, um relevant zu bleiben, müssen Sie auch bei Twitter ständig mit Ihren Followern in Kontakt treten, um relevant zu bleiben. Wenn Sie eine Zeit lang nichts getwittert, geliked, kommentiert oder retweetet haben, werden Sie wahrscheinlich nicht mehr in den Feeds Ihrer Follower auftauchen oder von ihnen angesprochen werden. Sie müssen häufig tweeten und mit Ihren Followern in Kontakt treten. Wenn Sie neue Zielgruppen erreichen wollen, müssen Sie die Art von Beiträgen verfassen, die viele Reaktionen hervorrufen und so das Netzwerk Ihrer Nutzerbasis erreichen.

Außerdem können Sie es sich nicht leisten, Beschwerden und Fragen zu ignorieren, die von Nutzern an Sie herangetragen werden. Dies wird sich nur negativ auf Ihre Marke auswirken und den Ruf Ihrer Marke in den Augen Ihrer Kunden verschlechtern. Ebenso sollten schlechte Antworten auf das, was Kunden sagen oder tweeten, unbedingt vermieden werden.

Beschränkungen für Tweets

Wie oben erläutert, beschränkt Twitter die Anzahl der Beiträge auf 280 Zeichen. Das macht es für Marketingstrategien, die lange Beiträge beinhalten, sehr schwierig.

Der Twitter-Algorithmus

Twitter zeigt den Nutzern in der Regel die neuesten Beiträge in ihren Feeds an. Daher ist es für Sie schwieriger, mit Ihren Followern in Kontakt zu treten, wenn Sie nicht oft posten oder wenn Ihre Beiträge in den Feeds der Nutzer verloren gehen, weil sie sich durch eine Vielzahl von Tweets durcharbeiten müssen. Twitter gleicht dies jedoch aus, indem es bestimmte Themen im Feed eines Nutzers vorschlägt oder Tweets von Personen platziert, denen der Nutzer nicht folgt, die aber von jemandem gefolgt werden, dem der Nutzer folgt. Wenn ein Nutzer also Marke A folgt, können Tweets von Marke B in seiner Timeline auftauchen, weil Marke A Marke B folgt. Nicht zu vergessen ist auch die Tatsache, dass Nutzer bestimmte Beiträge sehen können, weil Personen, denen sie folgen, diesen Beitrag geliked, kommentiert oder retweetet haben.

Unternehmen müssen daher Strategien entwickeln, die sich den Twitter-Algorithmus zunutze machen können, um effektiv zu sein.

LinkedIn

Was LinkedIn seit jeher von anderen Social-Media-Plattformen unterscheidet, ist der Gedanke, dass LinkedIn der Ort für professionelles Networking ist. Die Nutzer kommen auf diese Plattform, um mit Kollegen, Unternehmen, Geschäftsführern, Organisationen und anderen Berufstätigen in Kontakt zu treten und auch, um Jobs zu suchen und zu veröffentlichen. Die Social-Media-Plattform hat etwa 830 Millionen Nutzer, die sich aus Einzelpersonen, Unternehmen und Organisationen zusammensetzen. Die Plattform hat daher erwartungsgemäß eine formellere Atmosphäre als andere Social-Media-Plattformen. Influencer auf dieser Plattform konzentrieren sich in der Regel darauf, was sie in ihrer Karriere erreicht haben und wie andere das Gleiche tun können.

Wichtige Marketing-Merkmale

Starkes Business-to-Business (B2B) Marketing

B2B-Marketing bedeutet im Wesentlichen, dass ein Unternehmen verschiedene Marketingstrategien einsetzt, um bei anderen Unternehmen für sich zu werben, mit dem Ziel, seine Produkte und Dienstleistungen an diese Unternehmen zu verkaufen. Diese Produkte und Dienstleistungen sind so konzipiert, dass sie den Bedürfnissen anderer Unternehmen entsprechen. Ein Unternehmen kann zum Beispiel IT-Lösungen für andere Unternehmen anbieten oder Waren an Einzelhändler verkaufen. Während das Business-to-Consumer-Marketing also versucht, Lösungen für individuelle Verbraucherprobleme zu vermarkten, zielt das B2B-Marketing darauf ab, Lösungen für andere Unternehmen zu vermarkten, die deren Probleme lösen.

Unter all den verschiedenen Social-Media-Plattformen ist LinkedIn wohl die beste Wahl für das B2B-Marketing. LinkedIn generiert derzeit über die Hälfte des gesamten Traffics, der von Social-Media-Plattformen auf B2B-Websites geleitet wird. Über 80 % der B2B-Leads kommen ebenfalls von LinkedIn. Dies macht LinkedIn zu einem Kraftwerk für B2B-Marketing und zum besten Ort für Unternehmen, die Produkte und Dienstleistungen an andere Unternehmen verkaufen.

Organisches Engagement

LinkedIn steht nach Instagram an zweiter Stelle, wenn es um das Potenzial für organisches Engagement mit neuen Zielgruppen geht, ohne dass Anzeigen geschaltet werden müssen. Aufgrund der Beschaffenheit der Plattform sind die Nutzer im Allgemeinen empfänglicher für Marketingbeiträge von Unternehmen in ihren Feeds.

Hochkarätige und professionelle Anwenderbasis

Die Mehrheit der großen Unternehmen und professionellen Einflussnehmer ist auf LinkedIn vertreten. Als Unternehmen, das B2B vermarktet, haben Sie daher eine enorme Chance, Ihren Namen dort bekannt zu machen und mit anderen großen Marken zu interagieren, die zu wichtigen Kunden für Ihr Unternehmen werden können. Das Gleiche gilt für die Ansprache von professionellen Influencern mit Ihren Produkten und Dienstleistungen. Deren Mitwirkung kann dazu beitragen, Ihre Markenbekanntheit zu steigern und neue Kunden für Ihr Unternehmen zu gewinnen.

Außerdem ist LinkedIn eine großartige Plattform für Unternehmen, die sich an Berufstätige wie Buchhalter, Anwälte, Führungskräfte und Berater wenden. Dies ist der Ort, an dem sie sich alle treffen und ein Netzwerk erwarten. Wenn Ihr

Unternehmen auf diese Zielgruppen ausgerichtet ist, dann ist LinkedIn der beste Ort für Sie.

Nachteile der Verwendung von LinkedIn für das Marketing

Sehr begrenzter Fokus

Die Stärken von LinkedIn als Social-Media-Plattform sind auch seine Schwächen. Da LinkedIn im Allgemeinen als professionelles Netzwerk betrachtet wird, in dem sich Fachleute und Unternehmen vernetzen, werden Ihre Marketingstrategien in dieser Hinsicht sehr begrenzt sein. Außerdem ist Ihr Zielpublikum stark eingeschränkt, da LinkedIn nur aus beruflichen und geschäftlichen Gründen genutzt wird. Es ist unwahrscheinlich, dass Sie Produkte und Dienstleistungen verkaufen können, die nicht zu dem allgemeinen Thema oder der Zielgruppe von LinkedIn passen.

Kreative Grenzen

LinkedIn ist auch nicht sehr angetan von der Art von Beiträgen, die Sie auf Instagram, YouTube oder TikTok veröffentlichen können. Sie sind in Bezug auf die Art der Medien, die Sie verwenden können, wenn Sie etwas auf LinkedIn posten, weitgehend eingeschränkt, und Beiträge, die nicht auf das Geschäft oder die Karriere ausgerichtet sind, werden von den Nutzern oft als merkwürdig angesehen. Daher müssen Sie Ihre Inhalte sorgfältig auswählen, damit sie zu dem passen, was LinkedIn-Nutzer im Allgemeinen in ihrem Feed erwarten.

Der LinkedIn-Algorithmus

Der Algorithmus von LinkedIn ist etwas heikler als der anderer Social-Media-Plattformen. Er richtet sich nicht einfach danach, welche Beiträge ein Nutzer aufgrund der Chronologie oder Relevanz sieht. Vielmehr gibt es einen Prozess, der bei jedem Beitrag, den ein Nutzer auf LinkedIn verfasst, befolgt wird. Zunächst filtert LinkedIn "Spam" und andere minderwertige Inhalte aus dem Rest heraus. Danach wird der Beitrag mit einem kleinen Publikum getestet. Wenn der Beitrag viel Zuspruch erhält, wird er einer größeren Zahl Ihrer Follower angezeigt, und möglicherweise werden Ihre Follower sogar darüber informiert, dass Ihr Beitrag viel Zuspruch erfährt. In diesem Fall kann LinkedIn Ihre Inhalte auch an andere Nutzer außerhalb Ihrer Follower weiterleiten.

Es ist daher wichtig, dass Unternehmen sich genau überlegen, was sie zu Marketingzwecken posten, denn sonst erreichen ihre Inhalte nicht eine Vielzahl von Zielgruppen. Besonders bei LinkedIn ist es wichtig, sich Zeit zu nehmen, um zu verstehen, wie der Algorithmus funktioniert, und entsprechend zu handeln.

TikTok

TikTok ist im Vergleich zu allen anderen in diesem Kapitel behandelten Social-Media-Plattformen der Neuling auf dem Markt. Es kam 2016 auf den Markt und ist eine App zum Teilen von Videos, mit der die Nutzer kurze Videoclips erstellen und sich von den Videos anderer Nutzer unterhalten lassen können. Die meisten Videos, die auf TikTok geteilt werden, sind 15 Sekunden lang. Nutzer können auch 60-Sekunden-Videos in ihren Stories teilen. Im Laufe der Jahre ist die Art der Videos, die die Nutzerinnen und Nutzer teilen, immer vielfältiger geworden, vor allem, weil sich Nutzerinnen und Nutzer aus verschiedenen Gesellschaftsschichten auf der Plattform engagieren. TikTok unterscheidet sich ein wenig von anderen Social-Media-Plattformen, da man nicht unbedingt jemandem folgen muss. Man kann einfach die Entdeckungsseite öffnen und Videos ohne Ende ansehen. Ende 2021 hatte TikTok 1,2 Milliarden monatliche Nutzer und nähert sich schnell der 2-Milliarden-Marke! Außerdem ist die Mehrheit der TikTok-Nutzer jung (unter 30 Jahren).

Wichtige Marketing-Merkmale

Es geht nur um Unterhaltung (meistens)

60 % der TikTok-Nutzer geben an, dass der Hauptgrund für die Nutzung der Plattform die Suche nach Unterhaltung ist. Dies spielt natürlich eine wichtige Rolle bei der Art der Inhalte, die Unternehmen auf TikTok posten. Die Videos, die für die Vermarktung eines Unternehmens auf TikTok verwendet werden, müssen für die Nutzer unterhaltsam sein, sonst wird Ihr TikTok-Kanal möglicherweise nicht viel Traffic generieren.

Zu bedenken ist aber auch, dass Unterhaltung zwar ganz oben auf der Liste der Gründe steht, warum sich die Nutzer Videos auf TikTok ansehen, dass aber auch andere Gründe eine Rolle spielen, wie z. B. die Tatsache, dass die Videos inspirierend sind, dass sie über die neuesten Trends informieren, dass sie einen emotionalen Aspekt haben oder dass sie einen Bezug zu den Menschen haben. Wenn Sie sich nicht sicher sind, ob Ihr Unternehmen in der Lage ist, unterhaltsame Videos zu erstellen, sollten Sie diese anderen Arten von Videos ausprobieren und sehen, wie erfolgreich sie sind. Andernfalls sollten Sie lieber andere Social-Media-Plattformen ausprobieren, wenn Unterhaltung nicht Ihr Ding ist.

Eine weitere Drehscheibe für Influencer

TikTok gewinnt als Plattform für Influencer immer mehr an Bedeutung. Es ist jetzt die zweitbeliebteste Plattform für Influencer nach Instagram. Daher ist es eine weitere Gelegenheit für Unternehmen, mit Influencern zusammenzuarbeiten, um die Markenbekanntheit zu erhöhen und mehr Kunden zu erreichen, die ihre Produkte und Dienstleistungen kaufen möchten.

Nachteile der Verwendung von TikTok für das Marketing

Begrenzter Handlungsspielraum

Die Hauptmerkmale von TikTok sind auch seine Schwächen. Da man nur sehr kurze Videos mit Unterhaltungswert erstellen kann, haben Marken nur sehr wenige Möglichkeiten, auf dieser Social-Media-Plattform Marketing zu betreiben. Im Mittelpunkt des gesamten Prozesses steht die Erstellung eines Videos. Daran gibt es nichts zu rütteln. Wenn Ihre Marke dazu nicht in der Lage ist, dann ist diese Social-Media-Plattform nicht die beste Option für Ihre Marke.

YouTube

YouTube ist der Gigant im Bereich der sozialen Medien, in denen Videos geteilt werden. Es unterscheidet sich von TikTok dadurch, dass es keine Beschränkungen für die Art der Videos gibt, die die Nutzer teilen können. Dabei kann es sich um kurze Videos von einer Minute Länge handeln, aber auch um lange Videoessays, die sich über eine Stunde hinziehen. Die beliebtesten Kanäle auf YouTube sind in der Regel Einzelpersonen oder eine Gruppe von Schöpfern, die nicht Teil eines Unternehmens oder einer Firma sind, sondern Einzelpersonen, die sich entschlossen haben, Videos über Themen zu machen, die sie lieben oder die sie interessieren. YouTube ist ein Ort für eine Vielzahl von

Kreativen und es gibt im Allgemeinen für jeden etwas. Es gibt Sportspiel-Highlights, Anleitungen, Spielekanäle, Film- und Serienkritiken, Musikvideokanäle, Kochkanäle, soziale Kommentare - die Liste ist endlos. YouTube hat mehr als 2,6 Milliarden monatlich aktive Nutzer. Es ist wirklich eine der dominantesten Plattformen im Bereich der sozialen Medien.

Wichtige Marketing-Merkmale

Zusammenarbeit mit Schöpfern

Auf YouTube gibt es eine ganze Reihe von Creators, die die Marke von einer Million Abonnenten überschritten haben und Hunderttausende von Menschen haben, die sich jedes einzelne Video ansehen, das sie veröffentlichen. Ein übliches Nebengeschäft für diese Kreativen ist es, mit kurzer Werbung für Marken in ihren Videos Geld zu verdienen. Auf diese Weise werden Marken dem riesigen Publikum bekannt, das diese Kreativen ansprechen, und sie haben die Möglichkeit, durch Werbeinhalte auf YouTube neue Kunden zu gewinnen. Wenn Sie nicht in der Lage sind, Videos zu erstellen und eine große Fangemeinde für Ihre Marke zu generieren, könnte dies der Weg sein, den Sie nutzen, um diesen Markt zu erschließen.

Inhaltliche Vielfalt

YouTube kommt nicht annähernd an TikTok heran, wenn es um die Art von Beschränkungen geht, die TikTok den Urhebern in Bezug auf die Inhalte auferlegt, die sie erstellen können. YouTube gibt den Kreativen die Freiheit, jede Art von Video zu erstellen, die sie wollen, und so lange sie wollen. Kreative können sogar Videos einstellen, die nur Audio abspielen, oder sogar eine Podcast-Episode im Videoformat. Dies gibt Marken viel Spielraum, um die Art von Videos zu erstellen, die sie wollen, um Nutzer für ihre Marke zu gewinnen.

Google-Ergebnisse

Eine der vorteilhaftesten Funktionen von YouTube ist, dass Ihre Videos bei Google-Suchen auftauchen können. Mit den richtigen Strategien und Optimierungen können Sie Ihre Markenbekanntheit exponentiell steigern, indem Sie Ihr Video zum Top-Suchergebnis für ein Thema machen, das eng mit den Produkten und Dienstleistungen Ihres Unternehmens verbunden ist.

Nachteile der Verwendung von YouTube für das Marketing

Sie müssen Videos machen

Wie bei der Nutzung von TikTok für Marketingzwecke liegt der Schlüssel zum Erfolg in der Fähigkeit, gute Videos zu machen. Sie müssen die richtige Art von Inhalten mitbringen, über die richtigen Ressourcen für die Erstellung und Bearbeitung von Videos verfügen und in der Lage sein, dass viele Nutzer Ihre Videos ansehen und mögen. Wenn Sie dazu nicht in der Lage sind oder niemanden in Ihrem Team haben, der das kann, sollten Sie besser eine andere Social-Media-Plattform nutzen.

Snapchat

Ein vergessener Riese im Bereich der sozialen Medien ist Snapchat. Es ist zu einem dieser Themen geworden, an das man sich nur erinnert, wenn es jemand beiläufig erwähnt oder wenn man es in den Nachrichten liest. Das soll aber nicht heißen, dass Snapchat untergegangen ist. Ganz im Gegenteil. Im Juni 2022 hatte Snapchat 400 Millionen monatlich aktive Nutzer.

Was die Funktionsweise betrifft, so ist Snapchat, einfach ausgedrückt, eine Plattform, auf der Nutzer Bilder und Videos miteinander teilen können. Der einzige Unterschied zu anderen Social-Media-Plattformen, auf denen man dasselbe tun kann, ist, dass diese Inhalte zeitlich begrenzt sind. Mit anderen Worten, sie sind nur für einen kurzen Zeitraum verfügbar. Nach Ablauf dieses Zeitraums verschwindet der Beitrag und ist nicht mehr zugänglich. Man könnte argumentieren, dass dies die treibende Kraft hinter anderen Social-Media-Plattformen war, die es Nutzern erlauben, "Story Updates" zu posten, die nur 24 Stunden lang verfügbar sind, bevor sie ebenfalls verschwinden.

Wie TikTok ist auch Snapchat vor allem ein Spiel für junge Nutzer. 78 % der Snapchat-Nutzer sind zwischen 15 und 35 Jahre alt. Snapchat behauptet außerdem, dass es 75 % aller 13- bis 34-Jährigen in den USA erreicht. Ob dies nun stimmt oder nicht, die Tatsache bleibt bestehen - der Zielmarkt für Snapchat ist ein jüngeres Publikum.

Wichtige Marketing-Merkmale

Standortbezogenes Marketing

Eine der wichtigsten Funktionen, die Snapchat Unternehmen zu bieten hat, ist das standortbezogene Marketing. Snapchat hat eine Funktion namens Snap Map. Mit dieser Funktion können Sie Nutzer und Unternehmen in Ihrer Nähe finden und mit ihnen interagieren oder ihnen folgen. Ein kürzlich veröffentlichter Bericht zeigt, dass über 250 Millionen Nutzer Snap Maps monatlich verwenden. Auf diese Weise können Sie auf einfache Weise mit einem Publikum in Ihrer

Umgebung in Kontakt treten, das eher bereit ist, mit Ihren Produkten und Dienstleistungen zu interagieren, weil es die Möglichkeit hat, Ihr Geschäft vor Ort aufzusuchen.

App-Vermarktung

Ein interessanter Trend auf Snapchat ist die Tatsache, dass Snapchat-Nutzer dazu neigen, viele Apps auf ihre Telefone herunterzuladen und auch Produkte und Dienstleistungen über Apps zu kaufen. Einem aktuellen Bericht zufolge gaben über 40 % der Snapchat-Nutzer an, dass sie in der Regel zwischen einer und fünf Apps pro Woche herunterladen, während über 46 Millionen Nutzer angaben, dass sie mindestens einmal im Monat über Apps einkaufen.

Diese Informationen sind für App-Entwickler von besonderer Bedeutung. Wenn Sie Marketing-Kampagnen für die von Ihrer Marke herausgegebenen Apps starten möchten, ist Snapchat möglicherweise der beste Ort, um nach Ihrer Zielgruppe zu suchen. Dies ist vor allem deshalb der Fall, weil die Mehrheit der Snapchat-Nutzer jüngere Menschen sind. Ein junges Publikum ist eher bereit, verschiedene Apps auszuprobieren und ist, ich wage es zu sagen, technisch versierter.

Gute-Laune-Inhalte

Snapchat ist im Allgemeinen eine Plattform für Unterhaltung und Wohlfühlinhalte. Viele Nutzer haben sich daran gewöhnt, es als solches zu erkennen. Marken müssen daher strategisch darüber nachdenken, welche Art von Inhalten sie mit den Nutzern in ihren Feeds teilen und wie sie ihre Produkte und Dienstleistungen durch diese Art von Inhalten vermarkten wollen.

Schnapp-Einblicke

Snap Insights ist eine integrierte Funktion, mit der die Nutzer überwachen können, wer ihre Inhalte ansieht und welche Art von Inhalten gut ankommt. Dies hilft natürlich bei der Optimierung Ihrer Marketingstrategie, um effektiver zu sein und die Zielgruppen anzusprechen, die an Ihrer Marke interessiert sind und die am Ende vielleicht Waren und Dienstleistungen kaufen, die von Ihrer Marke verkauft werden.

Nachteile der Verwendung von Snapchat für das Marketing

Beschränkungen bei der Erstellung von Inhalten

Die offensichtliche Einschränkung bei der Erstellung von Inhalten für Snapchat ist der begrenzte Zeitraum, den ein Post dauert. Die Nutzer können daher nicht zu früheren Posts zurückkehren und sehen, was sie verpasst haben, oder die neuesten Informationen, die Ihre Marke geteilt hat, nachholen. Das macht es auch schwieriger, Social-Media-Kampagnen zu starten, da Sie darauf angewiesen sind, dass Ihr Publikum den von Ihnen erstellten Beitrag auf Anhieb sieht. Natürlich können Sie ihn erneut posten, aber Sie laufen Gefahr, dass die Nutzer Ihre Snaps nicht mehr ansehen, weil sie wissen, dass sich Ihre Inhalte wiederholen. Dies schränkt die Möglichkeiten Ihrer Marketingstrategie erheblich ein.

Außerdem sind die Videos auf Snapchat nur 10 Sekunden lang. Dies schränkt die Art von Videoinhalten, die Sie teilen, im Vergleich zu anderen Social-Media-Plattformen stark ein.

Mangelndes Engagement der Nutzer

Leider gibt es bei Snapchat keine Möglichkeit, wirklich festzustellen, ob die Nutzer die von Ihnen geposteten Videos ansehen. Sie könnten sie übersprungen haben. Das macht es schwieriger zu überwachen, wie Ihre Videos ankommen und ob Sie Ihre Marketingtaktik ändern müssen.

Keine Re-Share-Option

Snapchat ist nicht wie eine Plattform wie Twitter, wo man einen Beitrag von jemand anderem retweeten kann. Es gibt keine Funktion, mit der Sie so etwas auf Snapchat tun können. Die einzige Möglichkeit, die Sie haben, ist, einen Screenshot davon zu machen und ihn erneut zu posten. Das macht es schwieriger, mit Ihrer Nutzerbasis in Kontakt zu treten und sich mit ihnen auf einer tieferen Ebene zu verbinden, als es auf Twitter oder Facebook möglich ist.

KAPITEL 3: STARTEN SIE EINE SOCIAL MEDIA MARKETING-KAMPAGNE

In den beiden vorangegangenen Kapiteln haben wir uns mit den Gründen beschäftigt, warum Marketing im Allgemeinen wichtig ist und warum Social Media Marketing im Besonderen für den Erfolg einer Marke unerlässlich geworden ist. Wir haben auch alle wichtigen Social-Media-Plattformen in groben Zügen behandelt und die Vor- und Nachteile der einzelnen Plattformen für die Zwecke des Social-Media-Marketings erläutert. Nun ist es an der Zeit, sich mit den Details des Social Media Marketings zu befassen. Wir beginnen mit einem oft übersehenen, aber sehr wichtigen Aspekt: der Planung und Durchführung einer Social-Media-Marketingkampagne.

Als Social-Media-Marketing-Kampagne bezeichnet man die geplanten und ko-ordinierten Marketinganstrengungen eines Unternehmens oder einer Marke zur Nutzung sozialer Medien, um bestimmte Ergebnisse zu erzielen, z. B. die Steigerung des Markenbewusstseins, die Schaffung eines Kundenstamms oder die Steigerung des Absatzes für bestimmte Produkte und Dienstleistungen dieser Marke. Diese Kampagnen verfügen daher über bestimmte Strategien, um die gewünschten Ergebnisse zu erzielen und das Verhalten der Verbraucher in den sozialen Medien zu beeinflussen.

Der Start einer Social-Media-Kampagne ist wie die Gründung eines Unternehmens. Es gibt bestimmte Ziele, die Sie erreichen müssen, damit die Kampagne erfolgreich verläuft, angefangen bei der Planung bis hin zur Durchführung. Das Wichtigste beim Start einer Social-Media-Kampagne ist die Planungsphase. Alles muss durchdacht, aufgeschrieben und Schritt für Schritt geplant werden, um eine maximale Wirkung zu erzielen. Es ist wie bei Unternehmen, die von ihrem Geschäftsplan leben und sterben. Ein guter und sorgfältiger Geschäftsplan trägt wesentlich dazu bei, dass das Unternehmen erfolgreich ist. Das Gleiche gilt für Social-Media-Kampagnen.

Nach diesen Vorbemerkungen wollen wir uns nun der schrittweisen Durchführung einer Social-Media-Kampagne widmen. Ein großer Teil dieses Prozesses besteht aus den oben genannten Gründen in der Planung der Kampagne.

Schritt eins: Setzen Sie Ihre Ziele

Die erste Phase ist elementar, aber sehr wichtig: Sie müssen entscheiden, was der Sinn Ihrer Social-Media-Marketing-Kampagne ist. Ihre Ziele spielen eine entscheidende Rolle bei der Entscheidung, wie Ihre Kampagne aussehen soll, wie lange sie dauern wird und wie die richtigen Messgrößen für den Erfolg aussehen sollen. Ein schlaues Sprichwort in der Marketingwelt besagt, dass Ihre Ziele SMART sein müssen. Mit anderen Worten: Sie müssen spezifisch, messbar, erreichbar, relevant und zeitlich begrenzt sein.

Die Ziele, die Sie mit Ihrer Kampagne verfolgen, lassen sich wahrscheinlich in eine der folgenden Kategorien einordnen:

Verbesserung des Markenbewusstseins

Markenbewusstsein" ist das Ausmaß, in dem die Verbraucher eine bestimmte Marke und die von ihr angebotenen Produkte und Dienstleistungen erkennen können. Damit verbunden ist die Frage, wie die Verbraucher die Qualität der Produkte und Dienstleistungen einer Marke wahrnehmen. Es geht also darum, dafür zu sorgen, dass immer mehr Verbraucher Ihre Marke wirklich kennen und wissen, was sie ausmacht. Ihr Ziel könnte also sein, dass Ihre Marke zu einem bekannten Namen wird oder mit einem bestimmten Produkt oder einer bestimmten Dienstleistung in Verbindung gebracht wird.

Mit Ihrem Publikum in Verbindung treten

Wie in Kapitel 1 erläutert, können Sie Ihre Marke unter anderem dadurch aufbauen, dass Sie mit Ihren Kunden in Kontakt treten und Beziehungen zu ihnen aufbauen. Bei Social-Media-Marketing-Kampagnen kann es einfach darum gehen, genau das zu tun. Dies wiederum kann loyale Kunden schaffen, die an Ihre Marke glauben und immer das kaufen, was Sie verkaufen.

Steigerung des Website-Verkehrs

Eines der traditionelleren Ziele des Marketings ist es, die Verbraucher dazu zu bringen, die Website Ihrer Marke zu besuchen, damit sich mehr Menschen über die von Ihrer Marke angebotenen Produkte und Dienstleistungen informieren und vielleicht auch welche kaufen können. Oft kann dies erreicht werden, indem man Links in Beiträge einfügt oder sie zu einem Teil von Gesprächen macht, die als Ergebnis der gestarteten Marketingkampagne stattfinden.

Steigende Umsätze

Das ist wahrscheinlich das ultimative Ziel, das Sie verfolgen. Marketingkampagnen bieten die Möglichkeit, die Anzahl der Käufer von Produkten und Dienstleistungen einer Marke zu erhöhen und damit die Rentabilität der Marke zu steigern. In manchen Fällen wird eine Marketingkampagne für ein bestimmtes neues Produkt gestartet, um die Kunden zu diesem Produkt zu bringen. Es kann aber auch sein, dass die Kampagne einfach nur den Umsatz steigern soll, um das Unternehmen in eine bessere Position zu bringen.

Schritt zwei: Recherchieren Sie Ihre Konkurrenz

Ein wichtiger Teil der Planung einer Social-Media-Kampagne besteht darin, herauszufinden, was Ihre Konkurrenz tut. Schauen Sie sich an, wie deren Social-Media-Konten aussehen, welche Art von Kampagnen sie starten, welche Art von Engagement sie erhalten, was funktioniert und was nicht, und was Sie anders machen können. All diese Informationen helfen Ihnen, Ihre Kampagnenstrategie zu verfeinern und herauszufinden, wie sich Ihre Marke beim Start Ihrer Marketingkampagne in den sozialen Medien abheben kann. Es wird Ihnen auch helfen, die Ideen herauszufiltern, die Sie vielleicht hatten und die im Allgemeinen bei Ihrer Zielgruppe nicht gut ankommen.

Dritter Schritt: Wissen, wer Ihre Zielgruppe ist

Ein zentrales Element bei der Planung einer Social-Media-Marketingkampagne ist die Kenntnis der Zielgruppe. Es reicht nicht aus, Ihre Marke einfach in den sozialen Medien zu vermarkten und auf das Beste zu hoffen. Die Art der Marketingkampagne, die Sie starten, muss auf Ihren Zielmarkt zugeschnitten sein. Wenn Ihre Marketingstrategien und Beiträge nicht mit den Interessen der Menschen übereinstimmen, die Sie zu erreichen versuchen, werden sie sich nicht mit den

Bemühungen Ihrer Marke beschäftigen. Wenn Sie aber genau wissen, was Ihre Zielgruppe mag und was sie dazu bringt, mit Ihnen in Kontakt zu treten, ist die Wahrscheinlichkeit einer erfolgreichen Marketingkampagne sehr viel größer.

Wenn Sie all das im Hinterkopf behalten, müssen Sie Ihre Zielgruppe gründlich erforschen. Machen Sie sich ein Bild davon, wer sie sind und was sie tun, sammeln Sie gute Daten über ihre Demografie, ihren Standort, ihre Einkommensklasse und die Bedürfnisse und Wünsche, die sie haben und die mit dem zusammenhängen, was Ihre Marke ihnen verkauft. Finden Sie heraus, auf welchen Social-Media-Plattformen sie sich bewegen, mit welcher Art von Beiträgen sie sich beschäftigen, welche Art von Marketingkampagnen im Allgemeinen bei ihnen erfolgreich waren und was Sie ihnen anbieten können. Letztendlich müssen Sie sich immer vor Augen halten, wen Sie erreichen wollen und warum, und dies dann in Ihre Social-Media-Marketingstrategie einfließen lassen. Wenn Sie es nicht schaffen, eine Verbindung zu Ihrer Zielgruppe herzustellen, werden Sie schnell scheitern. Machen Sie diesen Fehler nicht.

Vierter Schritt: Wählen Sie Ihre Social-Media-Plattform

Ihre Zielgruppe ist wahrscheinlich nicht auf jeder Social-Media-Plattform vertreten. Selbst bei den Plattformen, auf denen sie ein Konto haben, überprüfen sie wahrscheinlich nicht regelmäßig ihre Feeds auf allen Plattformen. Nur weil jemand ein Instagram-Konto hat, heißt das nicht, dass er Instagram auch nutzt. Vielleicht öffnet er die App nur, wenn ihm ein Freund einen Link schickt, der nur auf Instagram verwendet werden kann. Oder sie haben vielleicht nur Facebook, damit sie Benachrichtigungen über die Geburtstage ihrer Freunde erhalten. Aus diesem Grund ist der Begriff "aktive Nutzer" sehr wichtig, wenn Sie herausfinden wollen, welche Plattform Ihre Zielgruppe nutzt. Ein aktiver Nutzer ist jemand, der eine Social-Media-Plattform regelmäßig nutzt. Eine noch präzisere Metrik ist der "täglich aktive Nutzer". Dies sollte Ihnen dabei helfen, herauszufiltern, auf welchen Plattformen Ihre Follower sind und wie häufig sie diese nutzen.

Sobald Sie herausgefunden haben, auf welchen Plattformen sich Ihre Zielgruppe aufhält, müssen Sie im nächsten Schritt bestimmen, welche Plattformen am besten für Ihre Marke geeignet sind. Wie in Kapitel 2 erläutert, hat jede Social-Media-Plattform ihre Vor- und Nachteile und ihre eigenen logistischen Herausforderungen. Sie müssen sich für die Plattformen entscheiden, auf denen Ihre Marke Ihrer Meinung nach die besten Inhalte liefern kann. Es kann jedoch sein, dass Sie kaum eine andere Wahl haben, vor allem wenn Ihre Zielgruppe nur auf einer begrenzten Anzahl von Social-Media-Plattformen unterwegs ist.

Fünfter Schritt: Erstellen Sie einen Aktionsplan

Der nächste Schritt bei der Planung einer Social-Media-Marketing-Kampagne besteht darin, im Detail festzulegen, wie die Kampagne genau aussehen soll. Mit anderen Worten: Sie müssen sich auf die Art der Inhalte einigen, die Sie auf diesen Social-Media-Plattformen veröffentlichen werden, und zwar so, dass sie mit Ihren Zielen und mit dem, was bei Ihrer Zielgruppe am besten ankommt, übereinstimmen. Für welche Strategie Sie sich auch entscheiden, eines der wichtigsten Dinge, die Sie tun müssen, ist, eine konsistente Geschichte zu erzählen. Dies ist die Geschichte, warum Sie die Kampagne durchführen, welchen Nutzen die Nutzer von der Teilnahme haben und was das Endziel ist.

Zu den beliebten Inhaltsstrategien, die sich in der Vergangenheit bewährt haben, gehören die folgenden:

Reichweite der Influencer

Wir haben diese Marketingstrategie im vorherigen Kapitel kurz angesprochen. Dabei identifizieren Sie Influencer auf den von Ihnen anvisierten Social-Media-Plattformen, mit denen Sie bei der Werbung für Ihre Marke zusammenarbeiten können. In der Regel erhalten diese Influencer dafür eine Art Entschädigung. Ihr Ziel dabei ist es, Ihre Marke mit ihrem Publikum in Verbindung zu bringen, das im Idealfall genau der Zielgruppe entspricht, für die Sie Ihre Produkte und Dienstleistungen bewerben möchten. Ein gängiger Trend bei Lebensmittellieferanten ist zum Beispiel die Zusammenarbeit mit Inhaltserstellern auf YouTube, die Anleitungen für Lebensmittelrezepte erstellen. Wenn Ihre Marke Lebensmittel an die Haustür eines Kunden liefert, dann könnte das Publikum dieses Inhaltserstellers eher geneigt sein, sich mit Ihrer Marke zu beschäftigen, weil die Lieferung von Lebensmitteln ihnen die Zubereitung von Rezepten erleichtert, die sie auf YouTube sehen. Die gleiche Denkweise gilt für Influencer in Branchen wie Fitness, Kleidung und Accessoires, Film- und Spielekritiken usw.

Der von Ihnen ausgewählte Influencer muss daher zu den Produkten und Dienstleistungen Ihrer Marke passen. Daher ist es wichtig, dass Sie den Influencer, mit dem Sie eine Partnerschaft eingehen möchten, gründlich recherchieren, um sicherzustellen, dass er gut zu Ihnen passt.

Bezahlte Werbung

Wie im vorangegangenen Kapitel bereits angedeutet, bedeutet organisches Social Media Marketing, dass Sie Ihr Publikum ohne bezahlte Werbung erreichen. Ihre Strategien für die Veröffentlichung von Inhalten in den sozialen Medien im Rahmen des organischen Marketings bestehen darin, Ihr bestehendes Publikum anzusprechen und mit ihm in Kontakt zu treten und die Algorithmen der sozialen Medien zu nutzen, um mehr Menschen zu erreichen. Wie bereits erwähnt, besteht das Hauptproblem beim organischen Marketing in den sozialen Medien jedoch darin, dass die Zahlen nicht sehr freundlich sind, wenn es darum geht, organisch neue Zielgruppen zu erreichen. Der Prozentsatz der Nutzer, die Ihre Beiträge organisch sehen und die neue Zielgruppen auf Social-Media-Plattformen sind, erreicht in der Regel kaum 6 %.

Hier kommt die bezahlte Werbung ins Spiel. Bezahlte Werbung bedeutet, dass Marken Social-Media-Plattformen dafür bezahlen, dass ihre Inhalte mit neuen Zielgruppen geteilt werden. Oft bedeutet dies, dass die Inhalte mit einem ganz bestimmten Zielpublikum geteilt werden, im Idealfall mit einem Publikum, das sich sehr für die von der Marke geteilten Inhalte oder für die von der Marke vermarkteten Produkte und Dienstleistungen interessiert. Bezahlte Werbung ist in den letzten Jahren auf dem Vormarsch, was eine direkte Reaktion darauf ist, dass immer mehr Menschen aktive Nutzer von Social-Media-Plattformen werden und einen größeren Teil ihrer Zeit in sozialen Medien im Allgemeinen verbringen.

Bezahlte Werbung ist daher eine der besten Möglichkeiten, neue Zielgruppen auf Social-Media-Plattformen zu erreichen. Dies muss jedoch durch organisches Social Media Marketing ergänzt werden, das darauf abzielt, Beziehungen zu bestehenden Zielgruppen aufzubauen, die Ihre Marke bereits kennen.

Benutzergenerierte Inhalte (UGC)

Haben Sie schon einmal einen Trend in den sozialen Medien gesehen, bei dem Nutzer eine bestimmte Aufgabe unter dem Banner eines Hashtags ausführen? Einer der weltweit bekanntesten war die Eiskübel-Herausforderung, bei der Nutzer Videos von sich selbst posteten, wie sie mit einem Eiskübel geduscht wurden, und dann jemand anderen herausforderten, es ihnen gleich zu tun. Diese Herausforderung verbreitete sich auf den meisten Social-Media-Plattformen viral, und Menschen auf der ganzen Welt nahmen an der Eiskübelherausforderung teil. Durch diese Herausforderung wurde das weltweite Bewusstsein für ALS geschärft, und in der Folge wurden Millionen von Dollar gespendet. Das ist es, was nutzergenerierte Inhalte im Wesentlichen ausmacht.

Ziel ist es, dass eine Marke eine Aktivität erfindet, die Spaß macht und in den sozialen Medien anspricht, oft gegen eine Belohnung. Dazu müssen die Nutzer vielleicht eine Geschichte erzählen oder ein Video oder ein Bild teilen, wobei der beste Beitrag eine Belohnung erhält. Für Marken kann dies so einfach sein wie die Aufforderung an die Nutzer, ein Bild oder ein Video zu teilen, in dem das Produkt auf irgendeine Weise in den sozialen Medien verwendet wird. Dies kann vor allem einen Hype um ein neues Produkt erzeugen, das die Marke kürzlich auf den Markt gebracht hat.

Klebriger Inhalt

Eine der gängigsten Optionen, die für eine Marke die meisten Vorteile mit sich bringt, ist das Posten von Inhalten, die die Nutzer direkt ansprechen und sie dazu bringen, sie mit anderen zu teilen oder das im Post beworbene Produkt oder die Dienstleistung zu kaufen. Das Ziel ist es, Inhalte bereitzustellen, die den Nutzer ansprechen, ihn unterhalten oder ein bestimmtes Bedürfnis oder Problem ansprechen, das er hat. Diese Art von "klebrigen" Inhalten zu planen, zu erstellen und zu liefern, ist natürlich leichter gesagt als getan, aber mit angemessener Marktforschung und hilfreichem Feedback ist dieses Ziel durchaus erreichbar.

Sechster Schritt: Planen Sie Ihre Inhaltsstrategie

Die Durchführung einer Social-Media-Kampagne kann hektisch sein. Sie müssen sich um die Erstellung von Inhalten, das Engagement der Nutzer, Aktualisierungen und einen reibungslosen Ablauf kümmern. Eine Möglichkeit, den Prozess für Ihre Marke zu vereinfachen, besteht darin, Ihre Kampagne in einer Art Kalender zu planen. Tragen Sie die Termine ein, an denen Sie bestimmte Inhalte veröffentlichen möchten, und legen Sie fest, um welche Inhalte es sich dabei handelt, und planen Sie dann die anderen Schlüsselelemente Ihrer Kampagne. Greifen Sie immer wieder auf diesen Kalender zurück, um sicherzustellen, dass Sie den Überblick behalten, und um bei Bedarf Änderungen vorzunehmen.

Es stehen Ihnen zahlreiche Tools zur Verfügung, die Ihre Marke bei der Durchführung ihrer Kampagne unterstützen können. Hootsuite, Crowdfire und CoSchedule zum Beispiel bieten Tools, die es Marken erleichtern, ihre Beiträge zu planen und die Aktivität zu überwachen.

Schritt sieben: Starten Sie Ihre Kampagne und überwachen Sie sie weiter

Sobald Sie alle Details Ihrer Social-Media-Marketing-Kampagne geplant haben, ist Ihr nächster Schritt, damit anzufangen! Beginnen Sie mit der Durchführung aller wichtigen Phasen Ihrer Kampagne und behalten Sie den Überblick über alles.

Ein Schlüsselelement beim Start Ihrer Kampagne ist die Verfolgung von Kennzahlen. Mit anderen Worten: Sie müssen den Erfolg Ihrer Marketing-Kampagne überprüfen, indem Sie sich ansehen, wie gut das Engagement ist, ob Ihre Marke mehr Follower gewinnt, ob mehr Besucher auf Ihre Websites kommen und ob der Umsatz steigt. Diese Daten können in der Regel über die integrierten Funktionen der Social-Media-Plattform, auf der Sie werben, nachverfolgt werden, obwohl es natürlich auch andere Software und Dienste gibt, die Ihnen helfen, auf noch mehr Kennzahlen zuzugreifen und diese zu interpretieren.

KAPITEL 4: WAS SOLLTEN SIE IN DEN SOZIALEN MEDIEN VERÖFFENTLICHEN?

Sobald Sie Ihre Social-Media-Marketingkampagne gestartet haben, besteht eine der größten Herausforderungen für Ihre Marke darin, weiterhin neue Inhalte auf Ihren Social-Media-Plattformen zu erstellen. Wenn Ihre Beiträge schal werden, sich wiederholen oder gar nicht mehr vorhanden sind, besteht die Gefahr, dass Ihre Marke an Engagement und Relevanz in den sozialen Medien verliert und der Dampf, den Sie in Ihrer Marketingkampagne aufgebaut haben, langsam abflaut. Eine weitere Herausforderung könnte darin bestehen, dass Sie nicht genau wissen, was Sie überhaupt in den sozialen Medien posten sollen, so dass Ihre Marketingbemühungen nur sehr langsam in Gang kommen.

Diese Probleme müssen Sie bei Ihrer Marketingkampagne nicht haben. Der Zweck dieses Kapitels ist es, eine große Liste von Ideen zu geben, die Sie für die Aktivitäten Ihrer Marke in den sozialen Medien nutzen können. Nehmen Sie einige dieser Ideen, von denen Sie glauben, dass sie zu Ihrer Marke passen, testen Sie sie und sehen Sie, welche Art von Beiträgen bei Ihrem Publikum am besten ankommt.

Ideen für Inhalte in den sozialen Medien

Eigene Inhalte hervorheben

Verfügt Ihre Marke oder Ihr Unternehmen über eine Website, auf der regelmäßig Artikel, Blogs oder Nachrichten veröffentlicht werden? Wenn ja, ist eine der einfachsten Möglichkeiten, Ihren Social-Media-Feed aktuell zu halten, diese Inhalte in Ihren Beiträgen hervorzuheben und einen Link anzugeben. Um dies noch interessanter zu gestalten, können Sie eine kurze Beschreibung des Inhalts einfügen oder ein Zitat einfügen, das die Aufmerksamkeit der Zuhörer erregt und sie dazu bringt, auf den Link zu klicken und ihn zu lesen. Andere Ideen sind die Hervorhebung einer Podcast-Serie, die Ihr Unternehmen durchführt, oder die Hervorhebung von Videos, die auf dem YouTube-Kanal Ihres Unternehmens veröffentlicht wurden.

Starten Sie eine tägliche, wöchentliche oder monatliche Serie

Der Start einer Serie ist eine der einfachsten Möglichkeiten, um sicherzustellen, dass Sie immer wieder neue Inhalte in den Feed Ihrer Marke stellen. Hier können Sie ein bestimmtes Thema aufgreifen und regelmäßig darüber posten. Zum Beispiel können Sie einen Monat lang jeden Freitag ein neues Rezept mit Ihrem Publikum teilen. Oder Sie könnten einen #MotivationMondays starten, bei dem Sie Ihr Publikum mit Zitaten, Videos, Geschichten erfolgreicher Menschen aus der Branche usw. dazu inspirieren, die Woche durchzustehen und hart zu arbeiten. Indem Sie solche Serien starten, können Sie einen Hype erzeugen und Ihr Publikum auf den nächsten Beitrag neugierig machen. Vielleicht beginnen die Leute sogar, Ihrer Marke zu folgen oder Ihren Kanal zu abonnieren, nur um über die von Ihnen geposteten Serien auf dem Laufenden zu bleiben.

Veranstalten Sie ein Q&A oder Ask Me Anything

Die meisten Social-Media-Plattformen verfügen über eine Livestream-Funktion, mit der die Nutzer in einen Stream einschalten und Ihnen live Fragen stellen können. Eine Frage-und-Antwort-Sitzung dient dem Zweck, dass Ihr Publikum alle Fragen stellen kann, die es zu Ihrer Marke, den von Ihnen angebotenen Produkten und Dienstleistungen hat, oder Probleme, die es mit Produkten und Dienstleistungen hat, so dass Sie ihm bei diesen Problemen helfen können. Dies ist ein einfacher Weg, um mit Ihrem Publikum in Kontakt zu treten und Beziehungen zu ihnen aufzubauen.

Ask Me Anything"-Livestreams dienen einem anderen Zweck. Bei AMAs geht es darum, dass Ihr Publikum Sie ausfragt und Sie kennenlernt. Die Fragen, die Sie stellen, können sich auf alles Mögliche beziehen und sollen den Kunden die Möglichkeit geben, die persönliche Seite Ihres Unternehmens kennenzulernen und das Markenbewusstsein zu steigern. Wenn die Kunden Ihre Geschichte hören und anhand der Fragen, die sie Ihnen stellen, eine Verbindung zu Ihnen herstellen können, haben sie das Gefühl, Sie und Ihre Marke wirklich zu kennen.

Wettbewerbe und Werbegeschenke

Wettbewerbe und Werbegeschenke kommen in den sozialen Medien im Allgemeinen gut an. Das zeigen uns die Daten. In einer Studie aus dem Jahr 2019 wurde festgestellt, dass 91 % der Instagram-Posts mit mehr als 1.000 Likes oder Kommentaren mit einem Gewinnspiel verbunden waren. Außerdem wurde festgestellt, dass Konten, die regelmäßig Wettbewerbe veranstalteten, ein um 70 % schnelleres Follower-Wachstum verzeichneten als Konten, die dies nicht taten. Wettbewerbe und Werbegeschenke eignen sich daher sehr gut, um einen Hype zu erzeugen, und sorgen jedes Mal für neue Inhalte, wenn Sie einen Wettbewerb oder ein Werbegeschenk posten.

Wettbewerbe erfordern eine Art von Aktivität, die die Nutzer durchführen, um einen Preis für den besten Beitrag zu gewinnen. Denken Sie an die Ideen, die oben in Bezug auf nutzergenerierte Inhalte diskutiert wurden. Diese Wettbewerbe zielen darauf ab, die Markenbekanntheit zu steigern und ein bestimmtes Produkt hervorzuheben, das die Marke zu verkaufen versucht. Werbegeschenke funktionieren jedoch ein wenig anders. Hier wird oft nach dem Zufallsprinzip entschieden, welcher der Teilnehmer das Produkt erhält.

Der Start von Wettbewerben und Werbegeschenken ist relativ einfach: Sie brauchen etwas, das verschenkt werden kann, Teilnahmebedingungen, eine Möglichkeit zur Teilnahme und eine Kontaktstelle. Die Teilnahmebedingungen müssen mit den Glücksspielgesetzen in Ihrer Region übereinstimmen. Die Teilnahme sollte auf kreative Weise erfolgen, z. B. durch die Verwendung eines Hashtags oder das Einstellen eines Videos, in dem die Teilnehmer Ihr Produkt auf eine bestimmte Weise verwenden.

How To Tutorials und Anleitungen

Diese Art von Inhalten sollte einen Bezug zu den Produkten und Dienstleistungen haben, die Ihre Marke anbietet. Es könnte zum Beispiel ein Beitrag sein, der den Nutzern zeigt, wie sie eines Ihrer Produkte verwenden oder eine bestimmte Funktion aktivieren können. Es geht darum, praktische und hilfreiche Tipps zu geben, die die Nutzer zu schätzen wissen oder die sie interessieren würden.

Anleitungsvideos erklären bestimmte Dinge, z. B. welchen Zweck bestimmte Produkte oder Dienstleistungen haben oder was Ihr Unternehmen tut.

Hinter-den-Kulissen-Inhalt

Hier geht es darum, den Nutzern die Möglichkeit zu geben, hinter den Vorhang zu schauen und das Innenleben Ihres Unternehmens kennenzulernen. Das kann sein, wie Sie ein bestimmtes Produkt herstellen, ein Tag im Leben, ein Video, das einen bestimmten Prozess zeigt, Bilder von Bürogebäuden, Partys, Veranstaltungen usw. Dies ermöglicht es den Nutzern, die Persönlichkeit Ihrer Marke zu erkennen und sich mehr mit Ihrer Marke verbunden zu fühlen, da sie nicht mehr nur ein Logo sehen, sondern echte Menschen. Dies kann eine wichtige Rolle beim Aufbau Ihrer Marke spielen und gleichzeitig dafür sorgen, dass Ihre Inhalte frisch bleiben.

Umfragen und Quizspiele

Auf vielen Social-Media-Plattformen können Sie eine Umfrage starten und Ihre Nutzer über etwas abstimmen lassen. Sie können auch eine Art Quiz veranstalten, bei dem die Nutzer zwischen verschiedenen Optionen wählen und die richtige auswählen können. Ob sie richtig oder falsch lagen, wird normalerweise sofort angezeigt.

Marken können diese Tools zu ihrem Vorteil nutzen. Sie könnten zum Beispiel eine Umfrage über ein Produkt oder eine Dienstleistung starten, die sie auf den Markt bringen wollen, und die Meinung ihrer Kunden auf Twitter oder Instagram einholen, indem sie eine Umfrage durchführen. Sie könnten auch Quizfragen zu beliebten Themen oder interessanten Fakten aus ihrer Branche veranstalten. Ein Unternehmen aus der Sportbranche kann zum Beispiel ein Quiz über diese Sportart veranstalten, z. B. wie viele Meistertitel die LA Lakers in der NBA gewonnen haben oder welcher NBA-Spieler für die NY Knicks, Miami Heat und die Chicago Bulls gespielt hat. Eine besonders kreative Idee war, als eine Marke die Nutzer aufforderte, zu posten, aus welchem Land sie kommen, und sie dann ein Video über einen Fußballspieler aus diesem Land und ein beeindruckendes Tor, das er erzielt hat, posten sollte.

Kunden und Klienten im Blickpunkt

Dazu gehört, dass Sie einen treuen Kunden oder Klienten hervorheben und einen Beitrag über ihn veröffentlichen. Dabei kann es sich um ein Foto oder ein Video handeln, in dem sie Ihr Produkt verwenden, oder um ein Foto oder ein Video, in dem sie erklären, warum sie Ihrer Marke schon so lange treu sind. Dies kann besonders wirkungsvoll sein, wenn es sich bei dem Kunden um einen bekannten Namen oder einen Influencer handelt, dem das Publikum gerne zuhört. Es kann aber auch einfach nur ein Beitrag sein, in dem Sie erklären, warum Sie diesen Kunden gerne als Kunden haben.

Funktionen über Mitglieder Ihres Teams

Dies ist eine weitere Möglichkeit für Sie, eine Reihe von Beiträgen zu einem bestimmten Thema zu erstellen. In diesem Fall ist das spezifische Thema Ihr Team. Dies erfordert, dass Sie Inhalte über jedes Mitglied Ihres Teams veröffentlichen, in denen Sie erklären, wer sie sind, was sie tun und andere Informationen, die Ihrer Meinung nach für Ihre Nutzer relevant sind. Fügen Sie bei der Erstellung des Beitrags auch ein Bild oder ein Video von ihnen ein. Auf diese Weise können die Kunden Ihrer Marke ein Gesicht zuordnen und erhalten eine persönlichere Note, durch die sich die Kunden stärker mit Ihrer Marke verbunden fühlen.

Interviews

Eine der wirkungsvollsten Methoden für Interviews ist es, wichtige Mitglieder einer Branche oder eines Berufs zu interviewen, für die Ihre Marke tätig ist, oder einen Influencer zu interviewen, mit dem Sie eine Partnerschaft eingehen und dessen Publikum von den Produkten und Dienstleistungen Ihrer Marke profitieren würde. Auf diese Weise bieten Sie den Nutzern Unterhaltung und neue Inhalte und werben für Ihre Marke bei der Zielgruppe eines Influencers oder einer Fachperson.

Übernahme der sozialen Medien

Bei Social-Media-Takeovers wird die Social-Media-Seite einer Marke einen Tag lang von jemand anderem als der Marke selbst betrieben. Dabei werden oft Status-Updates gepostet und im Laufe des Tages "Frag mich alles"-Sitzungen durchgeführt. Wie bei Interviews kann es sich dabei um Influencer, Mitglieder einer Branche oder Fachleute handeln, die Ihre Marke anspricht oder deren Publikum Sie mit Ihren Produkten und Dienstleistungen erreichen möchten.

Einen Meilenstein teilen

Ob es sich um einen Meilenstein in Bezug auf die Dauer des Bestehens Ihres Unternehmens, die Rentabilität, die Anzahl der Nutzer, die Ihren Social-Media-Profilen folgen oder Ihren YouTube-Kanal abonniert haben, oder um etwas anderes handelt, das als Meilenstein betrachtet werden kann, diese Art von Beiträgen kann bei Ihren Nutzern gut funktionieren, weil sie ihnen zeigt, dass Sie für ihre Treue zu Ihrer Marke dankbar sind und dass Sie auf dem besten Weg sind, etwas Großes zu erreichen.

Partnerschaft mit einer anderen Marke

Eine interessante Idee, die Sie sich zunutze machen können, ist die Durchführung einer Marketingkampagne mit einer anderen Marke, mit der Sie nicht in direktem Wettbewerb stehen. Auf diese Weise haben Sie mehr Leute an Deck, können größere Marketingkampagnen durchführen und sich auch das Publikum der anderen Marke erschließen.

Ein Meme erstellen

Dies ist wahrscheinlich eine der riskanteren Arten von Beiträgen auf Ihrer Social-Media-Plattform, vor allem weil Humor subjektiv ist. Wenn Sie es falsch machen, können sich die Nutzer durch das, was Sie posten, beleidigt fühlen, und das kann dem Ruf Ihrer Marke schaden. Auf der anderen Seite kann ein wirklich witziges Meme viral gehen und Ihrer Marke mehr Persönlichkeit verleihen und neue Follower gewinnen. Wenn Sie sich für diesen Weg entscheiden, müssen Sie darauf achten, dass der Beitrag dem Humor Ihrer Zielgruppe entspricht.

Alltägliche Beiträge in den sozialen Medien

Abgesehen von den oben genannten gibt es noch andere gewöhnliche Arten von Beiträgen in sozialen Medien, die Ihre Marke nutzen kann, um ihr Engagement aufrechtzuerhalten. Das kann das Kommentieren und Beantworten anderer Nutzer sein, das Liken, Retweeten, das Posten von bevorstehenden Veranstaltungen und Aktionen, das Posten von Betriebszeiten und anderen relevanten Informationen sowie andere Arten von Posts.

Wiederverwendung Ihrer Inhalte

Eine der am wenigsten offensichtlichen Möglichkeiten, um sicherzustellen, dass Sie immer Inhalte für Ihre Social-Media-Plattformen haben, ist die Wiederverwendung von Inhalten, die Sie bereits an anderer Stelle haben. Wenn Sie beispielsweise Blogbeiträge auf Ihrer Website haben, die auf Ihren Social-Media-Plattformen geteilt werden könnten, könnten Sie relevante Teile dieser Blogs ausschneiden und sie in Bilder, Videos oder Wissenswertes verwandeln, die auf Ihren Social-Media-Plattformen gepostet werden. Wenn es zum Beispiel einen Blogbeitrag gibt, der eine Schritt-für-Schritt-Anleitung für die Verwendung eines bestimmten Produkts oder die Nutzung einer bestimmten Funktion enthält, können Sie Bilder entwerfen, die täglich gepostet werden und die Schritte aufzeigen, die die Nutzer ausführen können. Alternativ können Sie auch ein Video erstellen, das diese Schritte aufzeigt.

Was man in den sozialen Medien nicht tun sollte

Es ist zwar wichtig, dass Sie wissen, welche Art von Material Sie in den sozialen Medien veröffentlichen können, aber Sie müssen auch wissen, was Sie nicht veröffentlichen sollten, um zu vermeiden, dass Sie sich mit einem ernsthaften PR-Problem oder Problemen mit den sozialen Medienplattformen selbst auseinandersetzen müssen.

Das Dilemma zwischen Kopieren und Einfügen

Wenn es darum geht, Inhalte in den sozialen Medien zu posten, wollen Sie natürlich sicherstellen, dass Sie diese Inhalte überall posten, um zu gewährleisten, dass sie Ihr gesamtes Publikum erreichen und eine maximale Wirkung erzielen. Die Frage ist also, wie genau Sie das tun sollten. Man könnte meinen, dass es ausreicht, das, was auf einer sozialen Plattform gepostet wurde, zu kopieren und dann auf der nächsten einzufügen. Bei diesem Ansatz gibt es jedoch einige Probleme.

Jede Social-Media-Plattform richtet sich weitgehend an unterschiedliche Zielgruppen. Selbst wenn sie dieselben Zielgruppen ansprechen, sind die Inhalte, die die Nutzer auf diesen Plattformen erwarten, unterschiedlich. Die Nutzer von LinkedIn erwarten professionelle Inhalte, die sich auf die Karriere oder das Geschäft beziehen. Instagram-Nutzer erwarten, dass sie durch Bilder und Videos unterhalten werden. Twitter-Nutzer erwarten vor allem Tweets, die informativ, lehrreich, unterhaltsam oder inspirierend sind. TikTok-Nutzer erwarten, durch Videos unterhalten zu werden. Es wäre seltsam, wenn ein Nutzer auf LinkedIn eine Strickanleitung oder auf Instagram ein einstündiges Video posten würde, das kein aufgezeichneter Livestream oder Interview ist. Die Nutzer erwarten unterschiedliche Arten von Inhalten auf den von ihnen genutzten Social-Media-Plattformen, unabhängig davon, ob sie mehrere davon nutzen oder Ihrer Marke auf jeder davon folgen.

Außerdem könnten Nutzer das Gefühl haben, dass es nicht nötig ist, Ihnen auf all Ihren Social Media-Plattformen zu folgen, wenn Sie auf jeder Plattform nur das gleiche Material kopieren und einfügen. Das bedeutet, dass Sie sich nicht mit dem Netzwerk dieses Nutzers auf jeder seiner Social-Media-Plattformen verbinden können, weil er beschlossen hat, Ihnen nur auf einer Plattform zu folgen. Ein Nutzer kann aus verschiedenen Gründen für jede Plattform, auf der er aktiv ist, unterschiedliche Freunde/Follower haben. Auf LinkedIn zum Beispiel verbinden sie sich vielleicht mit Berufstätigen und Kollegen, während sie auf Instagram mit Freunden aus der Schulzeit und der Universität in Verbindung stehen. Wenn Sie nicht diversifizieren, könnten Sie potenzielle Kunden nicht erreichen.

Um dieses Problem zu vermeiden, müssen Sie Ihre Inhalte auf die jeweilige Social-Media-Plattform abstimmen. Das mag zwar nach einer Menge harter Arbeit klingen, aber auf lange Sicht wird es sich auszahlen. Indem Sie die Erwartungen der Nutzer auf der jeweiligen Plattform erfüllen, erhöhen Sie Ihre Chancen, neue Follower zu gewinnen, bestehende Follower an sich zu binden und mehr Kunden für Ihre Produkte und Dienstleistungen zu gewinnen, und zwar aus verschiedenen Gründen, die von der Plattform abhängen, über die Sie sie erreicht haben.

Schlechtes Benehmen

Ein wichtiger Grundsatz bei der Veröffentlichung von Beiträgen in sozialen Medien ist, dass Ihre Marke ihren Ruf wahren muss. Wenn Sie etwas posten, das Ihrem Ruf schadet, kann sich das viral verbreiten, Ihren Kundenstamm beeinträchtigen und schließlich Ihren Umsatz verringern. Es gibt keinen Grund, Kunden wegen eines Beitrags oder Kommentars in sozialen Medien zu verlieren, den man hätte vermeiden können, indem man ihn gar nicht erst veröffentlicht hätte. Vermeiden Sie, wenn möglich, kontroverse Inhalte, die Ihren Kundenstamm spalten oder beleidigen könnten. Reagieren Sie adäquat auf Beschwerden Ihrer Nutzer. Vermeiden Sie es, auf Kommentare mit der gleichen Heftigkeit zu reagieren, die Sie vielleicht von einem anderen Nutzer erhalten haben. Vermeiden Sie auf jeden Fall Trolling, es sei denn, es handelt sich um einen sehr harmlosen Kommentar, bei dem jeder den Zusammenhang versteht. Selbst dann müssen Sie sehr vorsichtig vorgehen.

Um diese Probleme zu vermeiden, ist es wichtig, eine Richtlinie für soziale Medien zu haben. Diese Richtlinie muss von den Personen, die Ihre Social-Media-Plattformen betreiben, gut verstanden werden, und Sie müssen weiterhin die Art der Inhalte überwachen, die von Ihren Mitarbeitern oder von Vermarktern, die in Ihrem Namen arbeiten, auf Ihrer Social-Media-Seite veröffentlicht werden.

SCHLUSSFOLGERUNG

Unternehmen müssen nicht viel Geld ausgeben, um effektives Marketing zu betreiben. Während große Unternehmen Milliarden von Dollar für Werbung ausgeben und dafür sorgen, dass ihr Name überall bekannt ist, müssen kleine Unternehmen traditionell nicht einmal davon träumen, solche Leistungen zu erbringen. Die sozialen Medien ebnen jedoch das Spielfeld und bieten kleinen Unternehmen eine Möglichkeit, sich dem Wettbewerb zu stellen, indem sie ihre Marken den Verbrauchern auf der ganzen Welt mit einem Fingerschnippen zugänglich machen. Alles, was Unternehmen tun müssen, ist, sich auf Social Media Marketing einzulassen und die Strategien zu übernehmen, die in diesem Buch für den Start einer Social Media Marketing-Kampagne beschrieben werden. Auch wenn Ihr Unternehmen Geld für Werbung und vielleicht sogar für die Kontaktaufnahme mit Influencern ausgeben muss, sind die Kosten dafür oft nicht exorbitant hoch.

Eines der wichtigsten Dinge, an die man sich beim Marketing in den sozialen Medien erinnern sollte, ist, dass die Zielgruppe der Schlüssel zu allem ist. Auch wenn es seltsam erscheinen mag, dies gesagt zu bekommen, so ist es doch wahr. Beim Marketing geht es nicht nur um Sie oder Ihre Marke, sondern auch um Ihre Zielgruppe. Es geht um die Menschen, die sich mit Ihrer Marke in den sozialen Medien auseinandersetzen und entscheiden, ob sie Ihre Produkte oder Dienstleistungen kaufen (oder weiterhin kaufen). Sie müssen sie auf ihrer Ebene ansprechen. Einige Beiträge in den sozialen Medien funktionieren vielleicht nicht für eine bestimmte Personengruppe, aber sie funktionieren im Idealfall für die

Personengruppe, die Sie ansprechen wollen. Sie müssen herausfinden, welche Bedürfnisse und Wünsche sie haben, mit welchen Problemen sie konfrontiert sind und wie Ihre Marke ihnen helfen kann. Lassen Sie diese Botschaft in Ihre Marketingkampagne einfließen, um sicherzustellen, dass Ihre Marke aus den richtigen Gründen für potenzielle Kunden attraktiv wird.

Sie müssen auch bedenken, dass nicht jede Social-Media-Plattform für Ihr Unternehmen geeignet ist. Jede Plattform hat ihre eigenen einzigartigen Merkmale, ihre eigenen Vor- und Nachteile und ihre eigene Zielgruppe. Dies muss sich auf die Art der Beiträge, die Sie auf den einzelnen Plattformen veröffentlichen, und auf die Strategien, die Sie anwenden, auswirken. Die Strategien, die Sie zum Beispiel auf Twitter anwenden, werden wahrscheinlich nicht auf Snapchat funktionieren. Die Strategien, die Sie auf Instagram anwenden, werden wahrscheinlich nicht auf LinkedIn funktionieren. Wenn man nicht in der Lage ist, zwischen den Anforderungen der einzelnen Plattformen zu unterscheiden, ist das der schnellste Weg zum Misserfolg.

Die dritte Sache, die Sie im Auge behalten müssen, ist, dass Engagement das A und O ist. Veröffentlichen Sie immer wieder neue Beiträge auf Ihren Social-Media-Seiten und interagieren Sie mit Ihrer Nutzerbasis. Stellen Sie jemanden ein, der diese Aufgabe für Sie erledigt, aber stellen Sie sicher, dass er gut ausgebildet ist und genau weiß, was Sie wollen. Mangelndes Engagement ist der schnellste Weg, um in den sozialen Medien an Relevanz zu verlieren, was sich wiederum auf die Besucherzahlen und den Umsatz Ihrer Marke auswirkt.

Und schließlich sollten Sie die Messwerte im Auge behalten. Nur weil Sie einen tollen Plan ausgeheckt haben, heißt das leider nicht, dass er auch funktioniert. Beim Social Media Marketing geht es um Versuch und Irrtum. Sie müssen ausprobieren, was funktioniert und was nicht funktioniert. Geben Sie nicht nach einer gescheiterten Marketingaktion auf. Nehmen Sie die Erfolge und nutzen Sie sie erneut, und machen Sie aus den Misserfolgen Lehren. Nach ein paar Versuchen sollten Sie einen viel besseren Marketingplan haben, der dafür sorgt, dass Ihre Marke mehr Anhänger findet, mehr Besucher anzieht und mehr Umsatz bringt. Dazu müssen Sie Ihr Ohr am Boden haben und sich bewusst machen, welche Beiträge gut ankommen, welche nicht, welche zu mehr Traffic und mehr Verkäufen führen und was Sie tun können, um sich zu verbessern. Verfolgen Sie auch, was Ihre Konkurrenz tut, und lernen Sie von ihr.

Abschließend möchte ich Ihnen dafür danken, dass Sie sich die Zeit genommen haben, diesen Leitfaden zu lesen und mehr über Marketing in sozialen Medien zu erfahren. Ich hoffe, Sie haben dieses Buch als hilfreich empfunden. Denken Sie daran, geduldig zu sein, und scheuen Sie sich nicht, verschiedene Marketingstrategien zu testen und zu optimieren. Ich wünsche Ihnen viel Glück bei Ihren Marketingbemühungen in den sozialen Medien!